Y tú, ¿qué dices?

Y tú, ¿qué dices?

Gene S. Kupferschmid

Boston College

D. C. HEATH AND COMPANY

Lexington, Massachusetts   Toronto

Cover photo by Seth B. Kupferschmid.

Graphic illustrations by Judy A. Poe. Illustrations by Joe Veno.

Published simultaneously in Canada.

Printed in the United States of America.

International Standard Book Number: 0-669-03694-3

Library of Congress Catalog Card Number: 81-81503

ACKNOWLEDGMENTS

Text Credits

p. 31: "La universidad: un mito," from "Gente Joven," *El País* (August 16, 1978), p. 9. Reprinted by permission of *El País* (Cali, Colombia).

p. 36: Edgar Llinás, "El 'shock' cultural," from *Comunidad / Conacyt* (November, 1978), pp. 54–55. Reprinted by permission of *Comunidad / Conacyt* (Mexico, D.F.).

p. 42: Edgar Llinás, "La evaluación escolar," from *Comunidad / Conacyt* (March, 1979), p. 43. Reprinted by permission of *Comunidad / Conacyt* (Mexico, D.F.).

p. 62.: Gonzalo Vidal, "La mujer trabajadora," from *Sábado Gráfico* (April 30, 1980), p. 40. Reprinted by permission of *Sábado Gráfico* (Madrid) and Gonzalo Vidal Caruana.

p. 99: María Llobet de Maldonado, "Frente al televisor: Columbo," from *Comunidad / Conacyt* (March, 1980), pp. 8–9. Reprinted by permission of *Comunidad / Conacyt* (Mexico, D.F.).

p. 114: María Elena Walsh, "Canción de la polilla," from *Tutú Marambá* (1963) © Editorial Sudamericana. Reprinted by permission of Editorial Sudamericana, S.A. (Buenos Aires).

p. 123: Fernando Díaz-Plaja, excerpt from "La Soberbia," from *Los pecados capitales en un coche español... y en un barco francés* (Barcelona: Plaza y Janes, S.A., 1976). Reprinted by permission of the author.

p. 137: Alberto Lleras, "La lección del fútbol," from *Visión* (June 16, 1978), p. 28. Reprinted by permission of *Visión* (Mexico, D.F.).

p. 133: "El rey y el deporte para todos," from *ABC* (February 23, 1979), p. 59. Reprinted by permission of *ABC* (Madrid).

p. 143: Fernando Díaz-Plaja, excerpt from "El perezoso y la TV" from *Mis pecados capitales* (Barcelona: Plaza y Janes, S.A., 1976), pp. 308–310. Reprinted by permission of the author.

p. 167: Marco Denevi, "Los Viajeros," from *Antología precoz* (1973), pp. 208–212. Reprinted by permission of the author.

p. 182: Bruno Passarelli, "Así serán los '80," from *Gente* (December 6, 1979), pp. 35–39. Reprinted by permission of Editorial Atlántida, S.A. (Buenos Aires).

p. 188: Daniel Pliner, "El hombre se suicida," from *Somos* (February 8, 1980), pp. 10–15. Reprinted by permission of Editorial Atlántida, S.A. (Buenos Aires).

p. 195: Marco Almazán, "El aspirante a árbol," from *Comunidad / Conacyt* (December, 1979), pp. 16–17. Reprinted by permission of *Comunidad / Conacyt* (Mexico, D.F.).

p. 211: Luis Gregorich, "¿Cómo será la Argentina dentro de veinte años?" from *Salimos* (December, 1979), pp. 92–94. Reprinted by permission of *Salimos* (Buenos Aires).

p. 217: José Bernardo Adolph, "Persistencia," from *Cuentos del relojero abominable* (Lima, Peru). Reprinted by permission of the author.

Illustration Credits

Owen Franken: pp. 2 (#1, #2, #4), 23, 33 (#2), 49, 66 (#1, #3), 84, 85 (#1, #2, #3), 131 (#1), 132 (#2), 139

Bernardo Kupferschmid: pp. 2 (#3), 65 (#1, #2), 66 (#2), 116, 132 (#1), 212

Peter Menzel: pp. 26, 31, 32 (#1, #2), 33 (#1), 43, 44, 48, 50, 51, 67, 70, 76, 119, 131 (#3), 143, 147, 151, 153, 158

Frederik D. Bodin / Stock, Boston, p. 84

Gene DeKovic, p. 84

Steve Schapiro, p. 65

Still from *The Pink Panther Strikes Again*, p. 67. Copyright © 1976. United Artists Corporation, all rights reserved. Photograph courtesy The Museum of Modern Art / Film Stills Archive

Brown Brothers, pp. 104 (Clothes, 1920s, 1930s), 108, 109

United Press International, Inc., pp. 105 (Clothes, 1950s), 133, 192

Jan Lukas / Photo Researchers, p. 105 (Clothes, 1960s)

Portrait of Humphrey Bogart, p. 108. The Museum of Modern Art / Film Stills Archive. Courtesy of Warner Brothers.

Adams Carter: p. 130

David Kupferschmid: pp. 131 (#2), 132 (#3), 176, 205

Diego Goldberg / SYGMA, p. 139

Charles Steiner / SYGMA, p. 145

Courtesy of Museum of the American Indian, Heye Foundation, New York. Photography: Carmelo Guadagno, p. 152

Christian Simonpietri / SYGMA, p. 189

Victor Englebert, p. 190

Jesús Rafael Soto, *Tiges Grises et Argentées,* 1974. Collection, The Solomon R. Guggenheim Museum, New York. Photograph by Robert E. Mates, p. 202.

Cartoons by Quino: "¿Ser o no ser?" (Buenos Aires: Ediciones de la Flor), pp. 6, 7. Reprinted by permission of the artist and Ediciones de la Flor.

Cartoon without words (Buenos Aires: Ediciones de la Flor), p. 183. © Joaquín Salvador Lavado (Quino) 1976. Reprinted by permission of the artist and Ediciones de la Flor.

Cartoon by Mingote: "Todo el campo contaminado" (*ABC*), p. 178. Reprinted by permission of *ABC* (Madrid).

Advertisements courtesy of Villavicencio, S.,A., p. 80;

Iber-Rail, p. 153;

Iberia, Líneas Aéreas de España, p. 220.

Introduction

Y tú, ¿qué dices? is a cultural communications reader designed to provide intermediate students with the motivation, vocabulary, and structure that will enable them to discuss their ideas, interests, and personal experiences as well as to express attitudes, opinions, and reactions. It recognizes the need for natural, meaningful communication in the classroom: social conversation, seeking or conveying information, opposition and agreement, reminiscences, persuasion, and the appropriate reactions. As a supplementary text, it stresses the facilitation of discourse, vocabulary expansion, and an awareness of the contemporary culture of the Spanish-speaking world.

Organization of the Text

Variety and flexibility are the major features of the ten chapters of *Y tú, ¿qué dices?* Each chapter is structured around a specific theme; the two to four **Partes** of the chapter develop subtopics of the same theme. The readings and activities progress from the simpler ones of the **Primera Parte** to more demanding ones in subsequent **Partes.** To enable students to read with ease, understanding, and pleasure, new active vocabulary and the opportunity to practice it are presented before the reading selections. Comprehension and communication activities follow. The **Nuevo Vocabulario Activo** section at the end of the book offers the new active vocabulary arranged by lesson (cognates omitted) for easy reference for students and instructors. The Spanish-English end vocabulary includes all the words used in the text with the exception of cognates and carefully selected first-year terms.

Reading Selections

The reading selections from popular Hispanic publications have been edited or abridged as little as possible in order to present a range of styles and approaches. In order to maintain cultural and linguistic authenticity, none are from publications that feature translations from English into Spanish. The major criterion for their selection has been their conversation-stimulating content. Here again, there is variety: articles, stories, interviews, surveys, self-tests, a poem, a television script, brief news items (**Recortes**) and serious and humorous essays. Some are informative, some are entertaining, others are thought-provoking; all offer strong conversational possibilities. The number and variety of reading selections allow the teacher to select those best suited to the time constraints, interests, and linguistic abilities of the class.

Actividades

In order to avoid boredom and rote preparation, *Y tú, ¿qué dices?* offers students a challenging variety of activities. Vocabulary expansion is encouraged in activities that develop the recognition of cognates, the formation of antonyms by the addition of a prefix, the use of the related noun, verb, and adjective forms of a word, and others.

The activities that follow the reading selections are designed to aid comprehension as well as to test it. These also vary in style and intent.

Most of the conversational activities have been designed for communication among students in groups of two-to-five persons. They can also be used in teacher-student settings. Few of them require the student to address the entire class for the following reasons:

1. It is more natural and less intimidating to speak with a small group than to "make an appearance" before a large one.
2. The smaller group allows for increased speaking opportunities, natural reactions, and more active listening participation.

The conversational activities include interviews, public opinion surveys, games, decision-making situations, debates, discussion groups, round-table talks, and role-playing. Activities that directly address the student or require the teacher to do so use the polite form, **Usted.** The *Y tú, ¿qué dices?* activities indicate student-to-student exchanges; therefore, the familiar form **tú** is used to give students practice in the two modes of address.

The writing activity, **La palabra escrita,** has been designed to allow a gradual development of that skill by providing a progression from structured to free expression. Teachers can also choose to do it as an oral activity.

Culture

The cultural focus of *Y tú, ¿qué dices?* is on a global awareness of the Spanish-speaking world. It presents topics that are of equal concern to American students and their Hispanic counterparts, such as school, work, recreation, and major contemporary issues. While the emphasis is on stressing similarities rather than differences, the Hispanic perspective is distinctly evident and provides ample opportunity for increasing cross-cultural understanding.

Visual Materials

Photographs, realia, drawings, and cartoons appear in abundance to provide cultural awareness and visual interest, as well as to facilitate comprehension. Many of these visual materials can also be used to stimulate further discussion.

Acknowledgments

When the first half of this book had been completed, I was fortunate in being selected to participate in the NEH-funded Summer Institute on Expanding the Curriculum in FL Classes: Spanish and Contemporary Affairs at Georgetown University. I thank the National Endowment for the Humanities and my colleagues at Georgetown for a professionally and personally rewarding experience.

Claire Kramsch of the Massachusetts Institute of Technology generously allowed me to adapt her ideas on responsive listening. The Modern Language staff at D. C. Heath and Company is to be thanked for its editorial assistance.

Much gratitude is also due Bernardo, Owen, David, and Seth, who responded so encouragingly and helpfully when asked, "Y tú, ¿qué dices?"

Contents

Para conocernos mejor 1

PRIMERA PARTE
¿Quién es Ud.?   2

SEGUNDA PARTE
¿Cómo es Ud.?   6

TERCERA PARTE
Cuénteme algo más . . .   10

CUARTA PARTE
¿Cómo está Ud.?   13

La vida estudiantil 21

PRIMERA PARTE
¡Hay tantas cosas que aprender!   22
La universidad: un mito   31

SEGUNDA PARTE
El estudiante en el extranjero   36
El « shock » cultural   36

TERCERA PARTE
La evaluación escolar   42

¡A trabajar! 47

PRIMERA PARTE
La oferta y la demanda   52

SEGUNDA PARTE
El estudiante y el trabajo   60

TERCERA PARTE
La mujer trabajadora   62

CUARTA PARTE
Mamá *y* mujer trabajadora / Mamá *o* mujer trabajadora   65

¡La vida es una fiesta!   69

4

PRIMERA PARTE
¡Que se diviertan!   70

SEGUNDA PARTE
¡Feliz cumpleaños!   75

TERCERA PARTE
¡Salud, dinero y amor!   80

La pantalla grande y la pantalla chica   83

5

PRIMERA PARTE
¡Vamos al cine!   84

SEGUNDA PARTE
¿Qué pasa?   95
Frente al televisor: Columbo   99

La nostalgia: ¿El último grito de la moda o pasado de moda?   103

6

PRIMERA PARTE
Ciclos   104
De otras épocas   108
¿Hasta dónde llegarán las faldas?   110
¿Por qué lleva Ud. corbatín?   112
Canción de la polilla   114

SEGUNDA PARTE
Estos modelos también cambian cada año   116
Padre preso por prestar el auto   121

La soberbia 123

La prohibición de aparcar en el centro de Madrid 126

¡Vamos a jugar! 127

PRIMERA PARTE

¿Por qué juega Ud. al tenis? 131

El rey y el deporte para todos 133

SEGUNDA PARTE

¡Gol! 136

La lección del fútbol 137

El perezoso y la TV 143

TERCERA PARTE

De carreras y maratones 145

¡Un día inolvidable! 148

De viajes y aventuras 149

PRIMERA PARTE

Las vacaciones 150

¿Qué tiempo hace? 159

SEGUNDA PARTE

El viaje de egresados 161

Viajar acampando 163

TERCERA PARTE

Los viajeros 167

CUARTA PARTE

El turista hispano en los Estados Unidos 173

Sobre ecología y energía 175

PRIMERA PARTE

¿Qué es la OPEP? 179

Otras formas de energía 181

Habla el señor Aurelio Peccei 182

SEGUNDA PARTE

El hombre se suicida   188

El aspirante a árbol   195

El siglo XXI 199

10

PRIMERA PARTE

El siglo de la computadora   204

SEGUNDA PARTE

Esperanzas del futuro   209

¿Cómo será la Argentina dentro de veinte años?   211

Persistencia   217

Nuevo vocabulario activo   222

Vocabulario   225

Para conocernos mejor

1

PRIMERA PARTE ¿Quién es Ud.?

SEGUNDA PARTE ¿Cómo es Ud.?

TERCERA PARTE Cuénteme algo más. . .

CUARTA PARTE ¿Cómo está Ud.?

PRIMERA PARTE

¿Quién es Ud.?

Nombre: María Sotomayor
Apodo:° Ninguno *nickname*
Ciudad de domicilio: México, D.F., México
Nacionalidad: mexicana
Edad:° 18 años *age*
Profesión: Estudiante

Nombre: Francisco Beltrán
Apodo: Paco
Ciudad de domicilio: Sevilla, España
Nacionalidad: español
Edad: 22 años
Profesión: Estudiante

Nombre: Ana María Morales
Diminutivo: Anita
Ciudad de domicilio: Las Cruces, New Mexico
Nacionalidad: norteamericana
Edad: 18 años
Profesión: Estudiante

Nombre: Ricardo Alsogaray
Apodo: Flaco
Ciudad de domicilio: Buenos Aires, Argentina
Nacionalidad: argentino
Edad: 19 años
Profesión: Estudiante

Imagínese que su foto está aquí.

Nombre:
Apodo:
Ciudad de domicilio:
Nacionalidad:
Edad:
Profesión:

ACTIVIDAD PERSONAL: La identidad

1. ¿Cómo se llama Ud.?
2. ¿Tiene Ud. un apodo? ¿Cuál es?
3. ¿Cuál es su ciudad de domicilio?
4. ¿De qué nacionalidad es Ud.?
5. ¿Cuántos años tiene Ud.?
6. ¿Cuál es su profesión?

Términos

Nombre de pila°
Apodo
Apellido
Se llama Ana María Morales. Su nombre de pila es Ana María.
Su diminutivo es Anita.
No tiene apodo.
Su apellido es Morales.

first name
nickname
last name

Antecedentes

En esta lista figuran los nombres de pila en español que corresponden a los nombres populares en inglés. ¿Aparece aquí su nombre o uno equivalente?

Alejandro(-a) (Griego) apartar [*to set apart*], proteger [*to protect*]
Alicia (Germánico) de estirpe [*lineage*] noble
Ana (Hebreo) la benéfica [*charitable*]
Andrés (Griego) varonil, masculino
Bárbara (Griego) extranjera [*foreigner*], no griega
Benjamín (Hebreo) hijo preferido
Brenda (Las islas Shetland) espada [*sword*], combate, batalla
Carina (Italiano) graciosa [*charming*], amable
Carlos, Carolina (Germánico) hombre maduro, mujer madura
Catalina (Griego) pura, inmaculada
Cíntia (Latín) diosa [*goddess*] de la luna
Constancia (Latín) fiel [*faithful*], constante
Cristina (Latín) cristiana
Cristóbal (Griego) el que lleva a Cristo
Daniel (Hebreo) «mi juez [*judge*] es Dios»
David (Hebreo) amado [*beloved*]
Débora (Hebreo) abeja [*bee*]
Diana (Latín) divina, de naturaleza celestial
Donaldo (Gaélico) poderoso [*powerful*] en el mundo
Dorotea (Griego) domada [*tamed*] por Dios

Eduardo (Anglosajón) guardián de la propiedad
Elena (Griego) brillante, resplandeciente [shining]
Érico(-a) (Germánico) «el que rige [reigns] eternamente»
Esteban (Latín) guirnalda [wreath], corona [crown]
Eugenio(-a) (Griego) bien nacido, de buena estirpe
Federico (Germánico) príncipe [prince] de la paz
Felipe (Griego) aficionado a los caballos
Francisco(-a) (Antiguo italiano) francés
Franco (Germánico) nombre del pueblo bárbaro, libre
Gloria (Latín) buena fama, gloria
Gregorio (Griego) vigilante
Guillermo (Germánico) decisión, voluntad [will]
Isabel (Hebreo) juramento [oath] de Dios
Jonatán (Hebreo) «don [natural gift] de Dios»
Jorge (Griego) hombre de la tierra, campesino [farmer]
José (Hebreo) Dios aumenta la familia
Juan (Hebreo) Dios es benéfico
Judit (Hebreo) mujer judía [Jewish]
Julio(-a) (Latín) dios del día luminoso

Laurencio (Latín) gente de la ciudad del Lacio
Linda (Latín) flexible, suave [soft]
Luis(-a) (Germánico) famoso en la guerra
Marcos (Latín) identificado con el dios griego de la guerra
Margarita (Latín) perla
María (Hebreo) corresponde a Míriam, amada [beloved], iluminadora
Marta (Arameo) señora
Mateo (Hebreo) don de Dios
Melisa (Griego) abeja
Miguel (Hebreo) «Dios es incomparable»
Nicolás (Griego) victorioso en el pueblo
Pablo (Latín) pequeño
Pámela (Griego) aficionada al canto [singing]
Patricio(-a) (Latín) de padre libre o noble
Pedro (Latín) piedra, roca [rock]

Ricardo (Germánico) el jefe audaz, fuerte en el poder [power]
Roberto (Germánico) el que brilla por su fama
Santiago (Español) del grito de guerra de los españoles «¡Oh Santo
    Jacobo!» (Diego, Jaime)
Sara (Hebreo) la dominadora
Silvia (Latín) selva, bosque [woods]
Susana (Hebreo) azucena [lily] graciosa
Timoteo (Griego) el que honra a Dios
Tomás (Arameo) gemelo, mellizo [twin]
Víctor (Latín) vencedor

ACTIVIDAD PERSONAL: **Su nombre**

1. ¿Figura su nombre en la lista?
2. ¿Cómo se llama Ud. en inglés? ¿Cuál es el equivalente en español?
3. ¿Cuál es el origen de su nombre?
4. ¿Qué cualidades se identifican con su nombre?
5. ¿Son características de Ud.? ¿Le gustaría tener estas características?
6. ¿Qué importancia tiene el nombre de una persona?

Y tú, ¿qué dices?

1. ¿Cuál es tu nombre en español?
2. ¿Tienes algunas características que se identifican con tu nombre? ¿Cuáles tienes?
3. Si tu nombre no figura en la lista, ¿sabes de qué origen es? ¿Sabes lo que significa?
4. A veces los escritores o los artistas cambian sus nombres. Por ejemplo, el nombre original de la poetisa chilena Gabriela Mistral era Lucila Godoy. El mundo conoce a Neftalí Reyes como Pablo Neruda. ¿Y sabes quién era Samuel Clemens? ¡Claro! Escribió bajo el nombre de Mark Twain. Vamos a imaginar que quieres cambiar tu nombre por razones profesionales. ¿Qué nombre escogerías [*would you choose*]? ¿Por qué?

Nombre _____

Direccion _____

Ciudad _____

Numero de telefono _____

SEGUNDA PARTE

¿Cómo es Ud.?

Vocabulario: **Cuestionario personal**

¿Cómo es Ud.? ¿Cómo es su temperamento? ¿Su carácter? ¿Su disposición?

	Siempre	Nunca	A veces		Siempre	Nunca	A veces
¿Es Ud. **cariñoso(a)** [*affectionate*]...	☐	☐	☐	o **reservado(a)?**	☐	☐	☐
¿Es Ud. **agresivo(a)**...	☐	☐	☐	o **pasivo(a)?**	☐	☐	☐
¿Es Ud. **tranquilo(a)**...	☐	☐	☐	o **nervioso(a)?**	☐	☐	☐
¿Es Ud. **liberal**...	☐	☐	☐	o **conservador(a)?**	☐	☐	☐
¿Es Ud. **ambicioso(a)**...	☐	☐	☐	o **resignado(a)?**	☐	☐	☐
¿Es Ud. **activo(a)**...	☐	☐	☐	o **sedentario(a)?**	☐	☐	☐
¿Es Ud. **adaptable**...	☐	☐	☐	o **inflexible?**	☐	☐	☐
¿Es Ud. **impulsivo(a)**...	☐	☐	☐	o **prudente?**	☐	☐	☐
¿Es Ud. **caprichoso(a)**...	☐	☐	☐	o **razonable?**	☐	☐	☐
¿Es Ud. **individualista**...	☐	☐	☐	o **conformista?**	☐	☐	☐
¿Es Ud. **enérgico(a)**...	☐	☐	☐	o **indolente?**	☐	☐	☐
¿Es Ud. **sincero(a)**...	☐	☐	☐	o **hipócrita?**	☐	☐	☐
¿Es Ud. **paciente**...	☐	☐	☐	o **impaciente?**	☐	☐	☐
¿Es Ud. **independiente**...	☐	☐	☐	o **dependiente?**	☐	☐	☐
¿Es Ud. **charlatán(a)** [*talkative*]...	☐	☐	☐	o **silencioso(a)?**	☐	☐	☐

	Siempre	Nunca	A veces		Siempre	Nunca	A veces
¿Es Ud. **justo(a)** [*fair*]...	☐	☐	☐	o **injusto(a)?**	☐	☐	☐
¿Es Ud. **valiente**...	☐	☐	☐	o **cobarde?**	☐	☐	☐
¿Es Ud. **responsable**...	☐	☐	☐	o **irresponsable?**	☐	☐	☐
¿Es Ud. **idealista**...	☐	☐	☐	o **cínico(a)?**	☐	☐	☐
¿Es Ud. **simpático(a)**...	☐	☐	☐	o **antipático(a)?**	☐	☐	☐
¿Es Ud. **maduro(a)** [*mature*]...	☐	☐	☐	o **inmaduro(a)?**	☐	☐	☐
¿Es Ud. **feliz**...	☐	☐	☐	o **triste?**	☐	☐	☐
¿Es Ud. **generoso(a)**...	☐	☐	☐	o **tacaño(a)** [*stingy*]?	☐	☐	☐
¿Es Ud. **bueno(a)**...	☐	☐	☐	o **malo(a)?**	☐	☐	☐
¿Es Ud. **trabajador(a)**...	☐	☐	☐	o **perezoso(a)?**	☐	☐	☐
¿Es Ud. **optimista**...	☐	☐	☐	o **pesimista?**	☐	☐	☐
¿Es Ud. **realista**...	☐	☐	☐	o **soñador(a)** [*dreamer*]?	☐	☐	☐
¿Es Ud. **tímido(a)**...	☐	☐	☐	o **seguro(a) de sí mismo** [*self-confident*]?	☐	☐	☐
¿Es Ud. **serio(a)**...	☐	☐	☐	o **gracioso(a)** [*amusing*]?	☐	☐	☐

ACTIVIDAD: Vocabulario

Casi todas las palabras en esta lista son cognados, palabras que parecen [look] iguales [the same] y que significan lo mismo en inglés y español.

1. ¿Cuáles no son cognados?
2. Algunos antónimos se forman en español con los prefijos **in-** o **im-**. ¿Cuáles son las palabras y sus antónimos?
3. Algunas palabras siempre tienen la misma forma. Es decir, no cambian en forma masculina o femenina. ¿Cuáles son? ¿Qué características tienen?

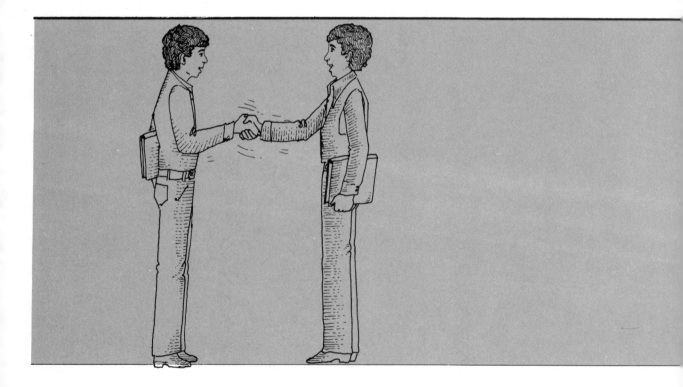

ACTIVIDAD GENERAL: Mucho gusto

¿Cuáles de las palabras lo (la) describen mejor? Escoja Ud. cuatro de esas palabras y escríbalas en un papel. Después, busque otra persona en la clase que tenga las mismas características. Si Ud. no encuentra a una persona con las cuatro, busque una persona con tres de ellas. Al encontrarla, preséntese. «Hola. Me llamo. . . ¿Y tú.?» Déle Ud. la mano [shake hands] y dígale «Mucho gusto.»

Prueba: **Primeras impresiones**

Al conocer a una persona por primera vez, ¿cuáles son las características o las cosas que más le llaman la atención? ¿Cuáles no son muy importantes? ¿Y cuáles no tienen ninguna importancia? Indique el grado [degree] de importancia.

	Muy importante		No muy importante	Ninguna importancia
La apariencia física	☐	⌐	☐	☐
La manera de hablar	☐		☒	☐
La manera de escuchar	☒		☐	☐
La ropa	☐		☒	☐
La actitud	☒		☐	☐
Sus amigos(as)	☐		☐	☒
La personalidad	☐		☒	☐
Características similares a las suyas	☐		☒	☐
Características diferentes de las suyas	☐		☒	☐
Los modales [manners]	☐	✗	☐	☐

educación

A VER. . .

Comparen Uds. las respuestas. ¿Cuáles son las tres respuestas más populares? ¿Cuáles son las tres menos populares? ¿Hay algún conflicto de opinión? ¡Discútalo!

TERCERA PARTE

Cuénteme algo más. . .

Una entrevista con Víctor

—¿Fecha de nacimiento?
—Siete de junio de 1957.
—¿Lugar?
—Lima, Perú.
—¿Casado?°   *married*
—No. Soltero.°   *single*
—¿Signo del Zodiaco?
—Géminis.
—¿Escritor preferido?
—Jorge Luis Borges.
—¿Poeta preferido?
—Pablo Neruda.
—¿Político° que admira?   *politician*
—Ninguno.
—¿Actores?
—Woody Allen y Liv Ullman.
—¿Cantantes?
—Donna Summer y Julio Iglesias.
—¿Color preferido?
—El azul.
—¿Deporte preferido?
—El alpinismo.°   *mountain climbing*
—¿Diversión preferida?
—Una fiesta con buenos amigos, buena conversación y buena
  música.
—¿Comida preferida?
—La paella.
—¿Qué considera su virtud principal?
—Soy sincero.
—¿Algún defecto?
—A veces soy bastante perezoso.
—¿Qué características tienen sus amigos?
—Son francos, inteligentes, y graciosos.
—¿Qué es lo que detesta más?
—La hipocresía.
—¿Estudia?
—Sí, medicina.

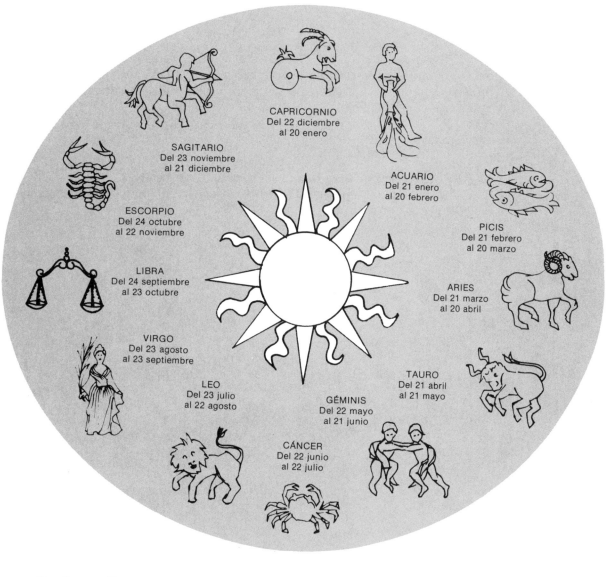

SAGITARIO
Del 23 noviembre
al 21 diciembre

CAPRICORNIO
Del 22 diciembre
al 20 enero

ACUARIO
Del 21 enero
al 20 febrero

ESCORPIO
Del 24 octubre
al 22 noviembre

PICIS
Del 21 febrero
al 20 marzo

LIBRA
Del 24 septiembre
al 23 octubre

ARIES
Del 21 marzo
al 20 abril

VIRGO
Del 23 agosto
al 23 septiembre

TAURO
Del 21 abril
al 21 mayo

LEO
Del 23 julio
al 22 agosto

GÉMINIS
Del 22 mayo
al 21 junio

CÁNCER
Del 22 junio
al 22 julio

—¿Pasatiempo?°   *Hobby*
—Ninguno. No tengo tiempo.
—¿Algún héroe?
—Ninguno en particular. No vivimos en una época heroica.

¡Reacciones!   Cuando otra persona habla, no escuchamos en silencio. ¡Reaccionamos para estimular la conversación! Hay palabras y expresiones que no significan mucho, pero que le muestran a la persona que nos habla que tiene nuestra atención e interés. Algunas de ellas son:

¿Sí?   ¿De veras? [*Really?*]   ¿Verdad?   ¡No me digas! [*You don't say!*]

ACTIVIDAD: **Me llamo. . .**

Ahora le toca a Ud. [*it's your turn*] ser el(la) entrevistador(a). Haga la misma entrevista con otra persona en la clase. Escuche atentamente y con interés. Al terminar la entrevista, la otra persona va a ser el(la) entrevistador(a) y Ud. va a escuchar. ¡No escriba nada!

Escúchenme

Después de las entrevistas, formen Uds. grupos de cuatro o cinco personas. Preséntele al grupo el sujeto de su entrevista y dígale todo lo que Ud. se acuerda de él(ella). Por ejemplo:

Me gustaría presentarles a. . .
Nació. . . en. . .
Su escritor preferido es. . .
Él(Ella) es. . .

CUARTA PARTE

¿Cómo está Ud.?

Cuando el teléfono suena,° Ud. contesta y alguien le dice «¡Hola! ¿Cómo está Ud.?»

    rings

Cuando Ud. se encuentra con sus amigos, le dicen «¿Qué tal?° ¿Cómo andas?»°

    How is everything? / How are you doing?

Cuando Ud. vuelve a casa, su familia le dice «¿Cómo estás?»

Ellos quieren saber cuál es su estado emocional o su condición física. ¿Cómo contesta Ud.?

Estoy bien. . . o estoy regular. . . o estoy más o menos. . . o estoy mal.

Estoy alegre. . . o estoy tranquilo(a). . . o estoy contento(a). . . o estoy satisfecho(a). . . o estoy de buen humor. . . o estoy entusiasmado(a). . . estoy ~~cómodo(a).~~

Estoy cansado(a). . . o estoy enfermo(a). . . o estoy triste. . . o estoy nervioso(a). . . o estoy deprimido(a) [*depressed*]. . . o estoy de mal humor. . . o estoy incómodo(a). . o estoy aburrido(a). Estoy asombrado(a) [*amazed*]. . . o estoy asustado(a) [*frightened*]. . . o estoy preocupado(a) [*worried*]. . . o estoy enojado(a) [*angry*].

Hay otros estados y otras condiciones. . . amazed—asombrado(a)

Cómodo (a)
comfortable
incómodo (a)
uncomfortable

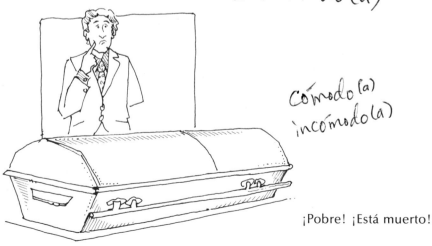

cómodo (a)
incómodo (a)

¡Pobre! ¡Está muerto!

Está casado(a).
Están casados.

Está bien vestido(a).

Está soltero(a) o ser soltero(a).

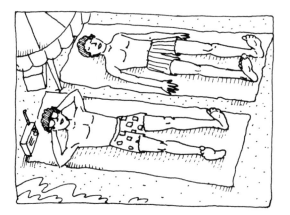

Están de vacaciones.

¡Está enamorado! ¡Está enamorada!

¡Están en la onda!

ACTIVIDAD PERSONAL: ¿Cómo está Ud. . . .?

    1. ¿Cómo está Ud. en este momento?
    2. ¿. . . antes de un examen?
    3. ¿. . . en una fiesta?
    4. ¿. . . en el mes de junio?
    5. ¿. . . cuando tiene mucho trabajo?
    6. ¿. . . cuando está de vacaciones?
    7. ¿. . . cuando recibe un regalo?
    8. ¿. . . cuando su coche no anda [work, run]?
    9. ¿. . . cuando lee el periódico?
  10. ¿. . . cuando está con sus amigos?
  11. ¿. . . cuando tiene que ver al dentista?
  12. ¿. . . cuando se levanta por la mañana?

ACTIVIDAD GENERAL: ¿Cómo están? ¿Cómo son?

¿Cuál es el estado o la condición o las características de las figuras en los dibujos?
¡Se permite usar la imaginación aquí!

El novio:
La novia:
La mamá de la novia:
El papá de la novia:

El policía:
El hombre a la izquierda:
El hombre a la derecha:

El candidato:
El pueblo:

La muchacha:
Frankenstein:

El astronauta:
El marciano:

Caperucita Roja:
El lobo:
La abuela:

La palabra escrita.

Escriba una respuesta completa con todas las palabras en cada grupo.

1. ¿Cómo se llama Ud.?
   Sevilla / me / soy / y / llamo / Beltrán / de / Francisco

2. ¿Cómo está Ud.?
   estamos / cuando / estoy / siempre / contento / vacaciones / de

Las ventajas de ser y estar.

Mar de Oro es un lugar con el que todos soñamos. Es paz, sol, alegría y cosechar arena en las botamangas de los pantalones todos los días. Pero para un lugar de veraneo no sólo es importante ser, también hay que estar. Y Mar de Oro está a 5 km de Necochea.

3. ¿Qué significa el nombre Constancia?
    en / constante / latín / significa

4. ¿Cómo es Ud.?
    la / simpática / soy / del / persona / mundo / más

5. ¿Es verdad que los contrastes son atractivos?
    charlatana / y / novio / es / Elena / es / su / silencioso

6. ¿Fecha y lugar de nacimiento?
    en / de / 1960 / Santiago / de / febrero / quince / nací / el

¡ ser y estar !

La vida estudiantil

2

PRIMERA PARTE **¡Hay tantas cosas que aprender!**
La universidad: un mito
SEGUNDA PARTE **El estudiante en el extranjero**
El «shock» cultural
TERCERA PARTE **La evaluación escolar**

¡Hay tantas cosas que aprender!

Aunque la vida estudiantil y las actitudes de los estudiantes son
bastante similares en todo el mundo, los sistemas de enseñanza°   *education*
a veces son diferentes. Para hablar mejor sobre el tema, vamos
a examinar el sistema y los términos que se usan en la mayoría
de los países hispánicos.

La escuela primaria (el colegio)[1]

Es pública, privada, o religiosa.

Hay chicos y chicas en **la escuela mixta** [*coed*]. En algunas escuelas los
alumnos (estudiantes) usan uniformes.

Los alumnos asisten a la escuela primaria desde aproximadamente los 5 años
hasta los 13 o 14 años, desde el primer grado hasta el octavo.

La disciplina es bastante estricta.

Los alumnos aprenden a leer, a escribir, y a calcular.

Los (las) maestros(as) también les enseñan historia, geografía, ciencias, arte,
música, gimnasia y educación cívica.

La escuela secundaria (el colegio secundario)

Es pública, privada o religiosa.

En algunas escuelas secundarias hay **un código de vestido** [*dress code*].

La disciplina es bastante estricta.

Muchas escuelas secundarias son especializadas, y es necesario tomar **un
examen de ingreso** [*entrance exam*] para **asistir** [*attend*] a ellas.

¿Cuáles son las escuelas y sus especialidades?

- Las escuelas o los institutos normales preparan a los estudiantes que
quieren ser maestros(as).
- Las escuelas comerciales preparan a los estudiantes que quieren trabajar
en algún aspecto del comercio.
- Las escuelas técnicas o vocacionales preparan a los estudiantes que
quieren tener **un oficio** [*skill, trade*].

---

[1] Sometimes the word used varies from one country to another, just as English usage varies in the
United States, England, Australia, and other English-speaking countries. The words in parentheses
are alternatives with the same meaning.

- Las escuelas preparatorias preparan a los estudiantes que quieren seguir sus estudios en la universidad.
- Las escuelas militares preparan a los estudiantes que quieren hacer una **carrera** [*career*] militar.

Los estudiantes asisten a la escuela secundaria de cuatro a cinco años, según el curso que siguen.

En todas las escuelas casi todos los cursos (**las asignaturas, las materias**) son **requisitos;** no hay **electivos.**

Cuando **se gradúa,** el estudiante obtiene su diploma de la escuela secundaria y es **un bachiller.**[2]

---

[2] Students who complete a five-year course of study called a **bachillerato** receive a diploma of **bachiller.** It is not the equivalent of the American Bachelor's Degree, which is given by a college or university.

No. 02493

REPUBLICA DE BOLIVIA

Dr. LUIS VINCENTI MANSILLA

RECTOR DE LA UNIVERSIDAD BOLIVIANA "GABRIEL RENE MORENO"

POR CUANTO:

Carlos

natural de *Santa Cruz* de *18* años de edad, ha cumplido con los

requisitos fijados por los Reglamentos de Enseñanza Secundaria;

POR TANTO:

En observancia de los Decretos Supremos de *23* de diciembre de 1929 y No. 09902 de 5 de

diciembre de 1972, le confiere el título de:

BACHILLER EN HUMANIDADES

Otorgándole el presente Diploma, sellado y refrendado por el Secretario General, en la ciu-

dad de Santa Cruz de la Sierra, a los *Veintisiete* días de *Febrero* de

mil novecientos setenta y *Cuatro* años.

Dr. Oscar Gómez
RECTOR DE LA UNIVERSIDAD a.i.

SECRETARIO GENERAL

INTERESADO

UNIVERSIDAD AUTONOMA
SECRETARIA
SANTA CRUZ
BOLIVIA
GABRIEL RENE MORENO

La universidad

Es pública, privada o religiosa.

En las universidades públicas los estudiantes pagan **una matrícula** [*tuition*] muy baja, pero el número de estudiantes que quiere ingresar es mucho más grande que el número de plazas [*openings*]. Entonces, hay un examen de ingreso que es, a veces, muy difícil. Muchos estudiantes se preparan para este examen en clases especiales.

La matrícula en las universidades privadas es mucho más cara, pero se pueden obtener **becas** [*scholarships*].

El estudiante **ingresa** directamente a **la facultad** [*school*] de su **especialización** (**concentración**), como la facultad de **derecho** [*law*], la facultad de medicina o la facultad de **ingeniería** [*engineering*]. Otras facultades son humanidades, farmacología, ciencias naturales, economía, **pedagogía** [*education*], arquitectura, ciencias sociales, trabajo social, **administración de negocios** [*business*], **agronomía** [*agriculture*] y **odontología** [*dentistry*].

En todas las facultades, la mayoría de los cursos son requisitos y hay muy pocos electivos.

En muchas clases los profesores **dictan conferencias** [*give lectures*] y los estudiantes **toman apuntes** [*take notes*].

El número de años que el estudiante pasa en la universidad depende de tres factores:

1. Algunos estudiantes trabajan mientras estudian y toman un número reducido de cursos cada semestre.
2. El número de requisitos es diferente en cada facultad.
3. Si el estudiante no **aprueba** (**sale bien en**) los exámenes o si **saca malas notas** [*gets bad grades*], tiene que repetir el curso.

Al terminar sus estudios, el estudiante obtiene su **título** [*diploma*].

UNIVERSIDAD BOLIVIANA GABRIEL RENE MORENO
SANTA CRUZ DE LA SIERRA
C. C. C.

CERTIFICADO DE NOTAS
PRIMER CUATRIMESTRE 1975

REGISTRO NUM
ALUMNO

CERTIFICADO
08895

CARRERA ECONOMIA   LICENCIATURA

CREDITOS REQUERIDOS POR LA CARRERA

MATERIA	NOMBRE MATERIA	CR	NOTA	PUNTAJE	OBSERVACIONES
MAT103B	ALG. LINEAL TEOR. MTRCIAL	4	55	220	APROBADO
MAT227C	ESTADISTICA I	4	51	204	APROBADO
ECO 91A	INTROD. A LA ECONOMIA II	4	68	272	APROBADO
ECO101A	TEO. ESTRUC. ECONOMICAS	3	22	66	REPROBADO
MAT242A	MATEMAT. FINANCIERAS	4	53	212	APROBADO
TOTAL =	16 CREDITOS VENCIDOS				
	19 CREDITOS TOMADOS				

HASTA LA FECHA EL ALUMNO HA ACUMULADO ____●____ CREDITOS

PUNTAJE PROMEDIO DEL CUATRIMESTRE   51

| CUATR.- | I/75 | | | | | | | | |
| PUNTAJE- | 51 | | | | | | | | |

PUNTAJE PROMEDIO ACUMULATIVO ●

SANTA CRUZ, OCTUBRE 1975

_____   _____
VICE RECTOR   RECTOR

OBS.- LO INDICADO(●) SE COMPLEMENTARA DESPUES DEL PROCESO DE CONVALIDACION

ADVERTENCIA: LAS RASPADURAS, ANOTACIONES O ENMIENDAS INVALIDAN ESTE DOCUMENTO

VNIVERSIDAD NACIONAL D MEXICO
POR MI RAZA HABLARA EL ESPIRITV

VNIVERSIDAD NACIONAL AVTONOMA

28

Y TÚ, ¿QUÉ DICES?

ACTIVIDAD: Vocabulario A

En la descripción que Uds. acaban de leer, hay muchos cognados. ¡A ver si pueden identificarlos!

1. Cognados que terminan en **-ma.**
2. Cognados que empiezan con **es-.**
3. Cognados que terminan en **-y** en inglés y que terminan en **-io** o **-ia** en español.
4. Cognados que terminan en un consonante en inglés y que terminan en **-a, -e,** u **-o** en español.
5. Cognados que terminan en **-e** en inglés y que terminan en **-a** u **-o** en español.

ACTIVIDAD: Vocabulario B

En la misma descripción también hay nueve cognados falsos. Es decir, son palabras que parecen cognados, pero que no lo son. Un ejemplo es la palabra **lectura.** ¡Significa *reading!* Complete las frases con la palabra apropiada de la lista.

colegio	asignatura	conferencia
asistir	bachillerato	nota
oficio	facultad	título

1. El doctor Menéndez es profesor en la ____ de medicina.
2. Luis dice que está enfermo porque no quiere ____ a la escuela hoy.
3. ¡Hijo mío! Hace ocho años que estás en la universidad. ¿Cuándo vas a obtener tu ____?
4. Si tomo tres ____ este semestre, puedo graduarme en junio.
5. Si te casas con Ignacio, ¿cómo vas a vivir? Ese hombre no tiene ni profesión ni ____, y no le gusta trabajar.
6. Cuando el profesor Morales dicta una ____, todos escuchan atentamente porque es un hombre muy erudito.
7. Mi hermano mayor es estudiante en la universidad, pero mis hermanas menores son muy jóvenes todavía y asisten al ____.
8. Rosita no piensa asistir a la universidad. Ella quiere trabajar después de obtener el ____ del colegio.
9. Yo no lo comprendo. Roberto estudia muy poco pero siempre saca buenas ____ .

ACTIVIDAD GENERAL

1. ¿Qué similaridades hay entre las escuelas de los países hispánicos y las escuelas de los Estados Unidos?
2. ¿Qué diferencias hay entre ellas?
3. ¿Qué aspecto de cada sistema prefiere Ud.? ¿Por qué?

Y tú, ¿qué dices?

Compare sus experiencias de la escuela con otras personas de la clase con las siguientes preguntas.

1. ¿Dónde asististe a la escuela primaria?
2. ¿Qué tipo de escuela era?
3. ¿Qué estudiaste?
4. ¿Cómo era la disciplina?
5. ¿Te acuerdas de alguna experiencia particular de tus días en la escuela primaria? ¿Cuál?
6. ¿Dónde asististe a la escuela secundaria?
7. ¿Cómo era la escuela?
8. ¿Cómo eran los otros estudiantes?

Escúchame

Dígale a otro estudiante la opinión que Ud. tiene de su escuela secundaria.

TÉRMINOS: Selección de cursos

A continuación [below] encontrará una lista de cursos que se estudian en la escuela secundaria o en la universidad. Indique los cursos que Ud. estudió en la escuela secundaria. ¿Qué cursos ya ha estudiado Ud. en la universidad? ¿Cuáles estudia Ud. ahora?

Artes

historia del arte
pintura
dibujo [drawing]
escultura
cerámica
fotografía
cinematografía
música

Matemáticas

álgebra
geometría
trigonometría
cálculo
programación de computadoras

Lenguas (literatura, gramática, o composición)

inglés
español
francés
italiano
alemán
ruso
chino
latín
griego
hebreo

Otros cursos humanísticos

filosofía
historia
geografía
ciencias políticas

Ciencias

biología
química
física
astronomía
geología

Cursos comerciales

contabilidad [accounting]
taquigrafía [shorthand]
mecanografía [typing]

Ciencias sociales

psicología
sociología
antropología
arqueología
economía

ACTIVIDAD PERSONAL: Sus cursos

1. ¿En qué curso saca Ud. sus mejores notas?
2. ¿En qué curso saca sus peores notas?
3. ¿Qué curso le interesaba más cuando estaba en la escuela secundaria? ¿Por qué?
4. ¿Cuál es el curso más interesante que Ud. ha estudiado en la universidad? ¿Por qué?
5. ¿Cuál es el curso más aburrido que Ud. ha estudiado en la universidad? ¿Por qué? ¿Por qué lo tomó?
6. ¿Cuál es su especialización?

AGENDA UNIVERSITARIA DEL SALVADOR

SEGUNDO LLAMADO PARA LA INSCRIPCION AL INGRESO DEL AÑO ACADEMICO 1980

El Departamento de Ingreso informa que se halla abierta la inscripción, para el ingreso a las siguientes carreras:

SOCIOLOGIA
CIENCIAS POLITICAS
ECONOMIA

RELACIONES
INTERNACIONALES

FILOSOFIA
SERVICIO SOCIAL

ADMINISTRACION
DE PERSONAL

ABOGACIA
HISTORIA

MEDICINA
FONOAUDIOLOGIA
TERAPIA FISICA
MUSICOTERAPIA

LETRAS
LENGUAS MODERNAS
GEOGRAFIA
TURISMO
PUBLICIDAD
PERIODISMO

ESTUDIOS
ORIENTALES

PSICOLOGIA
PSICOPEDAGOGIA
JARDIN DE INFANTES
ESCENOGRAFIA

PROFESORADO
DE SORDOS
Y PERTURBADOS
DEL LENGUAJE

CENTRO DE INFORMACION: Durante el mes de enero atenderá en Rodríguez Peña 640 - Capital - de 16 a 20 hs.

ORIENTACION UNIVERSITARIA

El Departamento de Ingreso a través del Area de Promoción y Orientación, ha implementado un servicio de Orientación destinado a la atención profesional de las necesidades que surgen frente a dificultades personales en la elección de

UNIVERSIDAD TECNOLOGICA DE MEXICO

FACULTAD DE ADMINISTRACION Y CIENCIAS SOCIALES DIVISION DE POSTGRADO

MAESTRIA EN ORGANIZACION Y METODOS

Iniciación de Cursos: Agosto 7 de 1978

Duración: Dos Años (Seis Cuatrimestres)

Requisito: Título Profesional o Carta de Pasante de Cualquier Licenciatura

Informes en Av. Marina Nacional 162, (a una cuadra de Mariano Escobedo) TELS. 527-03-16, 527-03-17, 527-03-18, 527-73-10 y 399-25-65

Entrevista *La universidad: un mito°*

myth

Siempre se ha dicho que la ilusión del bachiller es ingresar en una universidad para llegar a la «cumbre°» del éxito° profesional y personal.

peak / success

Al terminar los doce años del colegio, todos quieren atravesar° la barrera° universitaria. Sin embargo, muy pocos salen bien de los dos días consecutivos de exámenes. Los demás° se abandonan a la holgazanería,° trabajos temporales° o en «Fiebre° de sábados por la noche».

to cross / barrier
the rest
idleness / temporary
Fever

Los «afortunados» se regocijan° con su triunfo, lo cuentan a sus amigos y brindan° con la familia.

rejoice
drink a toast

Al cabo del tiempo,° se descubre que la «maravillosa universidad» era solamente un mito. Así lo piensan algunos entrevistados por *Gente-Joven*.

After a while

1. ¿Fue para Ud. traumático el paso del colegio a la universidad?
2. ¿Siente Ud. que salió bien preparado del colegio?
3. Para Ud., ¿cuál ha sido la mayor diferencia entre el colegio y la universidad?

Beatriz Libreros
(Segundo semestre de comunicación social en la Universidad del Valle)

1. No. Habiendo estudiado en colegio mixto no tuve problemas respecto al tipo de gente. Sin embargo, tenía idealizada la universidad. Una se imagina que todo el mundo es muy intelectual, pero se encuentra con que hay una mano° de drogadictos y de mediocres. A veces el que se gradúa sale tan mal como entró. Debería exigirse° más y tener mayor disciplina.

bunch

demand

2. Sí. En el secundario nos exigían mucho y teníamos una disciplina de lectura que me ha servido mucho.

3. En el colegio lo tienen a uno muy alejado° de los problemas sociales. En la Universidad se entiende mejor la realidad del país aunque en este momento existe un rechazo° a participar activamente en las soluciones.

out of touch with

rejection

Mauricio Rivera
(Primer semestre de economía en la Universidad de San Buenaventura)

1. Realmente el cambio pesa° en el aspecto disciplinario. En el colegio se exige más, pero se trabaja más en la universidad. No veo la razón del trauma porque al resto de los compañeros les pasa igual.°   *falls on*

the same

2. En el caso mío, el aprendizaje° lo hice en el colegio San Luis y me considero preparado para responder a todas las materias esenciales de mi carrera.°   *education*

career

3. En el campo° disciplinario hay mucha diferencia porque en la universidad nadie exige nada. El estudiante tiene toda la responsabilidad por lo que hace o lo que no hace. En el aspecto deportivo no encuentro diferencia y en el campo educativo creo que es la continuación profesional del colegio.   *field*

Julio Hernán Gallego
(Segundo semestre de economía en la Universidad del Valle)

1. Traumatizado en el sentido° total de la palabra, no. Simplemente se encuentran una serie de dificultades. Por ejemplo, los primeros días nadie se conoce, hay un cierto hielo° entre profesores y alumnos y entre los estudiantes mismos.° Uno va adaptándose a las circunstancias del momento.   *meaning, sense*

ice
themselves

2. Hasta cierto punto sí. Claro que todo depende del interés personal de cada individuo para poder salir adelante.° Yo lo he logrado.°   *come out ahead / achieved*

3. Uno de los principales es el cambio° de amistades, pues todo el mundo es desconocido.° En el colegio todos se conocen.   *change*
a stranger

Octavio Sardi
(Segundo semestre de derecho en la Universidad Santiago de Cali)

1. No, uno viene con la idea del colegio de que aquí va a ser difícil adaptarse pero sucede° que encontramos compañeros en las mismas circunstancias y entonces todo es igual.

2. Realmente me considero mal preparado porque como bachiller debía saber más sobre las diferentes materias. Para el nivel° académico de la universidad sí estoy bien preparado puesto que° éste es deficiente y mediocre en cuanto a° ciertos profesores.

3. La diferencia mayor es que se debe aprender a pensar y a estudiar. En el colegio apenas si° se leía. Además, aquí se descubre quien intelectualmente vale.°

it happens

level
as
regarding

hardly

possesses merit or value

Patricia Narváez Bejarano
(Segundo semestre de derecho en la Universidad Santiago de Cali)

1. Para mí no hubo ningún tipo de problema. Uno se adapta a los nuevos compañeros, eso es todo.

2. No. La enseñanza fue muy deficiente, los profesores carecían de° preparación.

3. En la universidad uno no está sometido a nada.° En el colegio era todo impuesto.°

lacked

forced to do anything
compulsory

Fin

ACTIVIDAD GENERAL: ¡Ahora le toca a Ud. [*it's your turn*]!

Haga Ud. una entrevista con otra persona de la clase, usando las mismas preguntas y agregando [*adding*] una más: ¿Es su experiencia similar a la de los estudiantes colombianos o diferente?

Encuesta: **Opiniones personales**

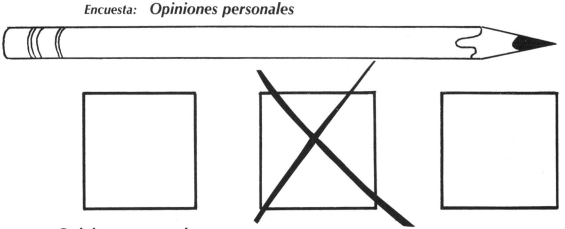

Encuesta: **Opiniones personales**

¡Ha llegado el momento de expresar sus opiniones! Indique Ud. lo que opina acerca de los siguientes aspectos de su escuela:

	Muy satisfecho	Satisfecho	No muy satisfecho	Muy insatisfecho
Los cursos	☐	☒	☐	☐
Los profesores	☐	☒	☐	☐
La biblioteca	☒	☐	☐	☐
Los laboratorios *no sé*	☐	☐	☐	☐
Los requisitos	☐	☐	☒	☐
Las instalaciones atléticas	☒	☐	☐	☐
La matrícula *no la pago*	☐	☐	☐	☐
Los exámenes	☐	☒	☐	☐
La administración	☐	☐	☒	☐
La cafetería	☐	☐	☒	☐
Las residencias estudiantiles	☐	☒	☐	☐
Los contactos con la comunidad	☐	☒	☐	☐

ACTIVIDAD GENERAL: ¿Qué dicen Uds.?

(most)

1. ¿Con qué aspecto está satisfecha la mayoría de los estudiantes? ¿Por qué?
2. ¿Con qué aspecto está disatisfecha la mayoría de la clase? ¿Por qué?
3. ¿Hay otros aspectos que no figuran aquí? ¿Cuáles son?
4. ¿Qué sugerencias tienen Uds. para mejorar los aspectos que no les gustan?

LA PALABRA ESCRITA: ¡Uds. son los expertos!

Un experto es una persona que tiene mucho conocimiento de algo o que ha tenido mucha experiencia en un tema. Según esta definición, ¡Uds. son expertos! ¡Claro! Uds. son expertos en la vida estudiantil porque han acumulado por lo menos doce años de experiencia y conocimiento. Entonces, en un grupo de tres o cuatro personas, escriban Uds. una composición (se llama «composición de grupo») sobre este tema: La universidad (o el colegio) ideal. Se escribe así: Todos ofrecen sus ideas, una persona es el (la) secretario (a) y escribe las ideas de todos, y después los miembros del grupo leen la composición para perfeccionarla. ¡Acuérdense Uds. que muchas cabezas son mejores que una!

SEGUNDA PARTE

El estudiante en el extranjero°

abroad

1. ¿En qué año de sus estudios está Ud.?
2. ¿Le gustaría estudiar en un país extranjero? ¿Cuál?
3. Aparte del inglés, ¿qué otras lenguas habla Ud.?
4. ¿Dónde aprendió Ud. esa lengua?
5. ¿Ha vivido o estudiado en el extranjero? ¿Dónde? ¿Por cuánto tiempo?

El «shock» cultural

Hace algunos años salía de Bellas Artes° alrededor de las once de la noche cuando observé a un grupo de gente que rodeaba° a un joven. Intrigado, me acerqué° más para ver de qué se trataba.° Efectivamente, el joven tocaba el violín. Había puesto un sombrero en el suelo° con un aviso° que indicaba que era estudiante y necesitaba ayuda. La gente escuchaba, lo felicitaba° con efusión, depositaba dinero en el sombrero que poco a poco se fue llenando.° De repente un grito° partió del grupo: «Váyase antes de que lo vea un policía.»

Meses más tarde, estando en Nueva York como estudiante, tuve oportunidad de ver una situación parecida° y, sin embargo, totalmente distinta. Un domingo por la tarde un cuarteto de cuerdas,° integrado° por jóvenes estudiantes tocaba frente al Museo Metropolitano una obra de Bach. También tenían los muchachos un sombrero y su correspondiente aviso que decía lo mismo, en inglés, que había escrito el mexicano. Numeroso público se había congregado alrededor° del cuarteto. Pero aquí no había tumulto, ni felicitaciones a gritos, ni efusión. La gente escuchaba fría y atentamente la pieza.° Al final se depositaron algunas monedas en el sombrero y los músicos agradecieron° con cortesía. Contrasté en mi mente° las dos situaciones y me acordé de lo que llaman el «shock» cultural.

Los estadounidenses han estudiado este fenómeno entre sus estudiantes que van al extranjero, los miembros del servicio exterior° y los empleados° de las compañías internacionales. Los resultados los han expresado, como siempre, en un gráfico. El gráfico es primero ascendente. Durante los primeros meses en el país extranjero todo es novedad° y euforia. El visitante descubre un mundo de maravillas.° Desafortunadamente, esto no dura mucho° y el entusiasmo, al cabo de un tiempo,° em-

Fine Arts Museum
surrounded
I drew closer
what it was all about
ground / sign

congratulated
filled up / cry

similar

string quartet / made up of

around

piece
thanked
mind

foreign service / employees

novelty
wonders
last long / after a while

pieza a disminuir, los problemas se multiplican, la comida resulta ser mala, el idioma desastrosamente difícil, la gente
antipática y hasta cruel, el nivel académico de la institución
(si se es estudiante) simplemente mediocre. Los síntomas° de *symptoms*
la depresión empiezan a manifestarse° y generalmente coin- *show*
ciden con el invierno o el período más caluroso° del verano. *hottest*
En estas épocas° mucha gente decide regresar al paraíso terre- *times*
nal:° su país. *earthly paradise*

    Para aquellos que se quedan° y se sobreponen° a los *remain / overcome*
síntomas del shock cultural, la curva de su ánimo empieza a
ascender y, al cabo de un tiempo (según la persona), se adap-
tan al país donde fueron a residir. Hacen su círculo de amigos,
adoptan en buena parte las costumbres del lugar y se condu-
cen° en forma «normal». *behave*

El problema más doloroso° para adaptarse al país donde se *painful*
va a estudiar es el idioma. Cierto que se ha estudiado por varios
años, pero ocurre que los nativos no lo hablan como uno lo
aprendió. Por alguna razón lo pronuncian distinto y hablan
muy rápido. Repentinamente,° quien ya cumplió 22 años o más, *Suddenly*
se encuentra con que tiene la capacidad de comunicación de
un niño de tres. Esto conduce:° (1) al aislamiento° por parte *leads to / isolation*
del estudiante, o (2) a que reduzca su círculo de amigos a otros
estudiantes latinoamericanos lo cual favorece su vida social
pero perjudica° enormemente su progreso. *damages*

Pero supongamos° que el estudiante supere° las dificultades *let's suppose / overcomes*
y logre° integrarse con un grupo de compañeros y compañeras *succeed*
del país que visita.

El segundo problema sería la diferente concepción de la amistad. Las relaciones, en los países anglosajones al menos, son más formales que entre nosotros. Se hace cita antes de visitar a alguien y uno se expone al rechazo° si no sigue° esas reglas.° El caso es que mientras uno piensa que la persona de quien recibió el rechazo es grosera,° aquélla piensa que uno es impertinente y mal educado. Típico caso de comunicación deficiente.

rejection / follow
rules
rude

Seguiría el problema del nivel académico de la institución adonde se ha ido a estudiar. Entre nosotros, los mexicanos, los nombres de Harvard y Oxford suenan mucho° y siempre pensamos que debemos ir a la universidad más prestigiosa y no a la que por su programa es más adecuada para nuestros propósitos.° Yo insistiría en que a veces es necesario escoger° una universidad menos prestigiosa pero más de acuerdo con nuestras necesidades.

sound good

aims / select

No son éstas las únicas áreas críticas en que se manifiesta el «shock» cultural de un estudiante mexicano en el extranjero, pero sí algunas de las más importantes. Cierto que no todo es color de rosa, pero tampoco todo es angustia° y depresión. Lo usual es que la constancia y el trabajo productivo superen los problemas. El estudiante graduado regresará a México. Enfrentará° aquí un nuevo problema: la readaptación.

anguish

will confront

ACTIVIDAD: Comprensión de lectura

1. ¿Qué observó el autor del artículo cuando salió de Bellas Artes?
2. ¿En qué país ocurrió el incidente?
3. ¿Qué decía el aviso que estaba en el suelo con el sombrero?
4. ¿Cómo reaccionó la gente cuando el estudiante terminó de tocar?
5. ¿Qué observó el autor frente al Museo Metropolitano de Nueva York?
6. ¿Qué similaridades hay entre el incidente de México y el de Nueva York?
7. ¿Cuáles son las diferencias?
8. Describa las tres reacciones de una persona durante su estadía° [*stay*] en el extranjero.
9. ¿Qué problemas presenta la lengua extranjera?
10. ¿Cuál es la diferencia entre las relaciones sociales mexicanas y las norteamericanas?
11. ¿Qué recomendación ofrece el autor al estudiante mexicano que quiere estudiar en el extranjero?
12. ¿Cuál es el último problema que enfrenta el estudiante extranjero?

ACTIVIDAD: Una entrevista con un estudiante extranjero

¿Hay algún estudiante extranjero en su universidad? Si hay, pídale que le permita una entrevista y hágale las siguientes preguntas:

1. ¿Cuánto tiempo hace que Ud. está en este país?
2. ¿Qué estudia Ud.?
3. ¿Cómo escogió esta universidad?
4. ¿Cuál fue su mayor problema cuando llegó aquí?
5. ¿Qué diferencia hay entre su concepto de la amistad y el de los norteamericanos?
6. ¿Qué consejos daría Ud. a otros estudiantes extranjeros que quieren estudiar en los Estados Unidos?

Después de la entrevista, déle a la clase un informe del resultado.

ENTRADA DE EXTRANJEROS № 381008

APELLIDOS { 1.° _____ NOMBRE _____
(Nom/Name) { 2.° _____ (Prénom/**First** Name/Vorname)
FECHA DE NACIMIENTO _____
(Date de naissance/Birth Date/Geburtsdatum)
NACIONALIDAD ACTUAL _____
(Nationalité actuelle/Present nationality/Gegenwärtige Staatangehörigkeit)
LUGAR DE NACIMIENTO _____
(Lieu de naissance/Place of birth/Geburtsort)
PASAPORTE N.° _____ EXP. EN _____ EL _____
(N.° du passeport/Passport number/Reisepassnummer)
_____ DE _____ DE 19_____
                                             Firma,
                                             Signature/Unterschrift,
ESTABLECIMIENTO _____
DOMICILIO _____

APELLIDOS }   NOMBRE }
Nom   }   Prénom }
Name   }   First Name }
          }   Vorname }

DOMICILIO _____

_____ DE _____ DE 19_____
Imp. de la D. G. de S.—M. 1.020-E.   El encargado,

DIRECCION GENERAL DE SEGURIDAD

№ 381008

Donativo Montepío C. G. Policía: Tres pesetas

ACTIVIDAD ALTERNATIVA:

Escriba la entrevista.

ACTIVIDAD ALTERNATIVA.

Invite al estudiante extranjero a la clase para participar en la conversación.

ACTIVIDAD: Una discusión

¿Qué pensó Ud. cuando leía el artículo? ¿«Sí, tiene razón», o «Momentito, no es así»? Divida la clase en dos grupos para discutir los siguientes puntos del artículo:

1. La reacción efusiva de los mexicanos y la reacción fría de los norteamericanos.
2. Los norteamericanos son formales en sus relaciones sociales.
3. Otros aspectos posibles de «shock» cultural, como la comida, el modo de vivir. . .

!Reacciones!   Para tener una discusión interesante, es importante saber cómo decir «Sí» o «No» de varios modos.

SÍ: Estoy de acuerdo con. . .   Tiene razón.   Evidente.   Por supuesto.
NO: No estoy de acuerdo con. . .   No tiene razón.   Al contrario. . .

¡No se olviden Uds. de reaccionar!

TERCERA PARTE

El sistema de exámenes y notas en los países hispanos es muy diferente del sistema que se usa en los Estados Unidos. En algunos colegios y universidades de España y Latinoamérica, se dan exámenes frecuentemente, pero en otros se da solamente un examen en cada materia. El examen es al final del año, y puede ser oral, escrito, o una combinación de ambos.° *both*
A veces consiste en unas pocas preguntas que el estudiante tiene que contestar detalladamente.° Si el examen es oral, el *in detail* estudiante está solo° en un cuarto con dos a cuatro profesores *alone* y todos le dirigen preguntas. No es difícil imaginar el estado nervioso del estudiante que se encuentra en esta situación.

En los países hispanos no se usa el sistema de notas a base de A, B, C, D, F. Más común es un sistema a base de números, el cual varía de país en país. En algunos, por ejemplo, los numeros van del uno al siete, en otros del uno al diez o doce, y en otros del uno al cien.

Aunque los sistemas de dar exámenes y de su evaluación por notas son bastante diferentes, el propósito° varía muy poco *purpose* entre los países hispanos y los Estados Unidos. En el siguiente artículo, el autor mexicano, Edgar Llinás, trata de un problema que es similar en todos los países: la evaluación escolar.

La evaluación escolar°

scholastic

Es usual en nuestro sistema educativo, y en el de todos los países del mundo, que el maestro someta° a sus alumnos *subjects* periódicamente a un examen con el propósito explícito de evaluar el aprovechamiento° de los estudiantes. Es decir, de *learning* medir° en qué grado° han alcanzado° los objetivos de apren- *to measure / degree / have reached* dizaje° con que inicialmente se planeó el curso. Y digo que es *learning* el propósito explícito porque además los exámenes tienen propósitos implícitos que todos conocemos pero que nadie menciona. Se les puede usar como medida° disciplinaria para *measure* lograr° el control de un grupo que no acepta bien a su maestro, *achieve* como medio° de controlar a los estudiantes, y si el maestro no *means* está muy preparado en cuestiones pedagógicas, para crear pánico entre sus alumnos dando la impresión de que sabe mucho.

La evaluación escolar es un campo° extremadamente com- *field* plejo que requiere conocimientos muy especializados. ¿Qué diferencias de aprendizaje real existe entre un alumno que obtuvo calificación° de 9 y otro que obtuvo sólo 8? Esta pre- *nota*

gunta probablemente no tenga respuesta. Pero más difícil aún
son problemas como el siguiente: En los últimos años la
UNAM[3] ha encontrado una elevación en el promedio° del ex-   *average score*
amen de admisión de 3,40 a 3,80. ¿Qué significa esto en
términos de la preparación real de la población estudiantil que
quiere ingresar a la Universidad? Probablemente nunca po-
damos precisarlo, y sin embargo no podemos negar° que la   *to deny*
evaluación tiene un significado.

[3] Universidad Nacional Autónoma de México

Como vemos, la evaluación educativa es extremadamente compleja y tiene consecuencias imprevistas° que no se pueden tomar a la ligera.° Lo que yo quisiera sostener° aquí es que el maestro no es quien debe ocuparse directamente de la evaluación escolar. Yo desarrollo° mi argumento en varios hechos.°

El maestro que funciona en uno de los niveles del sistema

unforeseen

lightly / to maintain

develop / facts

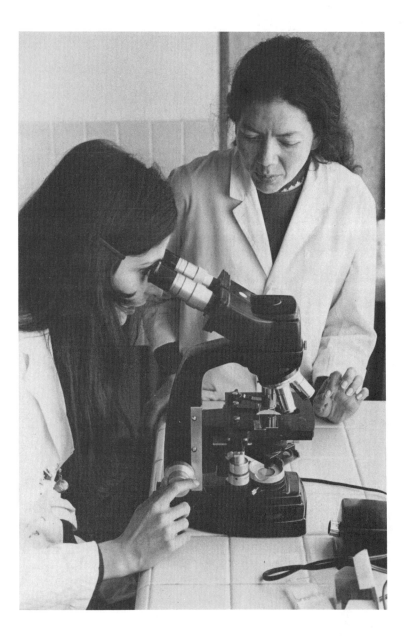

educativo no tiene la perspectiva necesaria para saber si el estudiante obtiene logros° satisfactorios. Aquí es necesario hacer énfasis en el hecho de que los exámenes no son sólo una evaluación del estudiante sino también del maestro y de todo el sistema escolar.

achievements

Por otra parte las pruebas escolares se toman demasiado a menudo como un papeleo° más, y se hacen improvisadamente, sin tomar en cuenta si realmente miden[4] algo o si son sólo un modo de deshacerse° del aburrimiento.

paperwork

getting rid of

Pero mi argumento más poderoso° para sostener que el maestro no es quien debe ocuparse de la evaluación es que ésta afecta negativamente la relación maestro-alumno. El aprendizaje es un proceso extremadamente delicado porque los elementos cognoscitivos,° están involucrados° con los lazos de afecto° y en muchos casos el alumno se identifica con su maestro. La relación maestro-alumno es muy parecida a la del médico con su paciente, y todos comprenderíamos que no es posible confiar en un médico que intenta actuar como juez.° Vamos al médico en busca de alivio° y ayuda y no a ser juzgados° por nuestros errores. El alumno va al maestro en busca de orientación y apoyo° pero se encuentra con una figura regañona° cuyo principal oficio° no es enseñar sino castigar. De esta situación surge toda una serie de manifestaciones enfermizas° en nuestro sistema educativo que merece° un estudio profundo.

powerful

cognitive / are involved
ties of affection

judge
relief / judged

support
scolding / job

sickly / deserve

Si el maestro no debe ocuparse de la evaluación, ¿quién debe hacerlo?

Es tiempo de pensar en esta cuestión. Un centro nacional de evaluación educativa no es necesariamente una utopía, pero nos permitiría un diagnóstico preciso de todo el sistema, geográfica y verticalmente. Podríamos también precisar los objetivos de aprendizaje y planear con claridad el avance de la educación mexicana.

ACTIVIDAD: Preguntas personales

1. ¿Cuál prefiere Ud., exámenes orales o exámenes escritos? ¿Por qué?
2. ¿Prefiere tener solamente un examen o exámenes frecuentes en un curso? ¿Con qué frecuencia lo preferiría Ud.?
3. ¿Qué piensa Ud. del examen de admisión para entrar en la universidad?
4. ¿Puede Ud. sugerir un sistema de evaluación que sea preferible al sistema que se usa actualmente en su escuela?
5. Si el maestro no debe ocuparse de la evaluación, ¿quién debe hacerlo?

[4] **medir(i)**

Y tú, ¿qué dices?

Aquí hay algunas frases del artículo. Exprese su reacción y coméntelas con sus compañeros de clase.

1. Se les puede usar (los exámenes) como medida disciplinaria para lograr el control de un grupo que no acepta bien a su maestro, como medio de controlar a los estudiantes, . . .
2. . . .los exámenes no son sólo una evaluación del estudiante sino también del maestro y de todo el sistema escolar.
3. La relación maestro-alumno es muy parecida a la del médico con su paciente, y todos comprenderíamos que no es posible confiar en un médico que intenta actuar como juez.

¡A trabajar!

3

••••••••••••••••••••••••••••••••••••••

PRIMERA PARTE **La oferta y la demanda**

SEGUNDA PARTE **El estudiante y el trabajo**

TERCERA PARTE **La mujer trabajadora**

CUARTA PARTE **Mamá y mujer trabajadora /**

Mamá *o* mujer trabajadora

PRIMERA PARTE

VOCABULARIO

A ganarse el pan con el sudor° de la frente°

sweat / brow

Una de las decisiones más importantes que una persona puede tomar es la selección de una carrera [*career*]. Todos tenemos que ganarnos la vida [*earn a living*], y queremos hacerlo en la forma más interesante y más agradable posible. ¡Pero hay tantas carreras! ¿Cómo se puede escoger [*choose*] una? ¿Cuál va a escoger Ud.?

el(la) doctor(a)
el(la) enfermero(a)
el(la) dentista
el(la) técnico(a) de laboratorio

el(la) veterinario(a)
el(la) psicólogo(a)
el(la) farmacéutico(a)
el(la) terapista

¿Y dónde trabajan?

En un hospital. . . en una clínica. . . en un laboratorio. . . en una farmacia. . . o en su **consultorio** (oficina médica).

el(la) físico(a)
el(la) químico(a)
el(la) biólogo(a)

el(la) bioquímico(a)
el(la) geólogo(a)

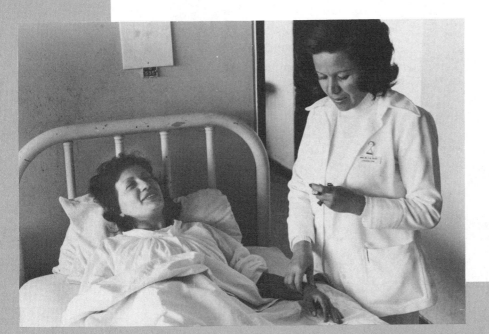

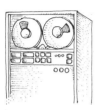

¿Y dónde trabajan?
En un laboratorio. . .
¿Y qué hacen?
Enseñan. . . hacen **investigaciones** [*research*]. . . o aplican los resultados
de sus investigaciones.

el(la) matemático(a)	**el(la) contador(a)** [*accountant*]
el(la) economista	**el(la) programador(a)**
el(la) estadístico(a) [*statistician*]	**de computadoras**

¿Con qué trabajan?
Trabajan con computadoras, calculadoras y números.

el(la) sociólogo(a)	**el(la) trabajador(a) social**
el(la) antropólogo(a)	**el(la) arqueólogo(a)**

¿Y dónde trabajan?
En la ciudad. . . o en el campo.

el(la) arquitecto(a)	**el(la) plomero(a)** [*plumber*]
el(la) ingeniero(a)	**el(la) carpintero(a)**
el(la) electricista	

¿Y qué hacen?
Construyen **edificios** [*buildings*], **carreteras** [*roads*], **puentes** [*bridges*] y
túneles.

el(la) administrador(a)	**el(la) dependiente(a)** [*salesperson*]
el(la) gerente [*manager*]	**el(la) banquero(a)**
el(la) secretario(a)	

¿Y dónde trabajan? *corps*

En las oficinas de **compañías,** en **empresas, industrias** [*businesses*], en **bancos. . .** en **almacenes** [*department stores*] . . . o en **fábricas** [*factories*].

el(la) maestro(a)
el(la) profesor(a)
el(la) bibliotecario(a) [*librarian*]

¿Y dónde trabajan?
En escuelas. . . o bibliotecas.

el(la) agrónomo(a) [*agronomist*]
el(la) agricultor(a) [*farmer*]

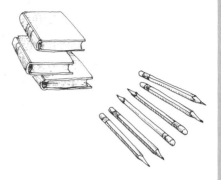

¿Y dónde trabajan?
En el campo.

el(la) piloto(a)
el(la) auxiliar de vuelo [*cabin steward*]
el(la) aeromozo(a) [*flight attendant*]
el(la) agente de viajes
el(la) hotelero(a)

el(la) mecánico(a)
el(la) policía
el(la) bombero(a) [*firefighter*]
el(la) cartero(a) [*letter carrier*]

¿Y qué hacen?
  Ayudan al público.

  el(la) periodista [*journalist*]   **el(la) fotógrafo(a)**
  el(la) locutor(a) [*announcer*]   **el(la) escritor(a)**

¿Qué clase de trabajo hacen?
  Se comunican con un público muy grande.

  el(la) pintor(a) [*painter*]   **el(la) dramaturgo(a)** [*playwright*]
  el(la) escultor(a) [*sculptor*]   **el(la) cantor (cantante)**
  el(la) actor (actriz)   **el(la) músico(a)**

¿Y qué hacen?
  Expresan el significado y los sentimientos de nuestro mundo.

  el(la) abogado(a) [*lawyer*]
  el(la) político(a) [*politician*]
  el(la) diplomático(a)

¿Y dónde trabajan?
  En **los tribunales** [*courts*]. . . o en **el gobierno** [*government*].

Recorte *La oferta° y la demanda*   *supply*

¿Qué demanda hay para ciertas profesiones? Una revista en
Buenos Aires, Argentina, hizo una encuesta° recientemente   *survey*
para estudiar la demanda en ese país, y éstas son las conclu-
siones en orden de la demanda:

ingeniero electricista
ingeniero mecánico
ingeniero electrónico
ingeniero civil
analista administrativo
programador
ingeniero químico
enfermero(a)
analista de sistemas
ingeniero en telecomuniciones
administrador en relaciones industriales
especialista en publicidad
ingeniero industrial
farmacéutico(a)
químico(a)
programador de computadoras
sociólogo(a)
contador(a)
bioquímico(a)
administrador de empresas
arquitecto(a)
médico(a)

ACTIVIDAD: Otras carreras

¡Nótese que ciertas profesiones no figuran en esta encuesta! Es porque la oferta
es superior a la demanda. ¿Sabe Ud. cuál es la situación de oferta y demanda en
la profesión que Ud. ha escogido? ¡Explíquela!

Anuncia Taller de Actualización
para

PROFESORES DE INGLES

Este taller está dirigido a profesores (as) que desean mejorar sus técnicas de enseñanza, desarrollar material para sus clases, conocer el manejo de un laboratorio de lenguas y actualizarse sobre textos materiales para la enseñanza de inglés.

DURACION: Julio 10-agosto 25
COSTO: $1,600.00
INSCRIPCIONES: Julio 3-7

UNIVERSIDAD IBEROAMERICANA
CENTRO DE LENGUAS

Av. CERRO DE LAS TORRES 395,
edificio B. México 21, D. F.

Teléfono 549-35-00, extensión 112

A PERSONAS QUE VIVAN POR LA ZONA NORTE, INDUSTRIA METALMECANICA, Solicita:

INGENIERO DE PROCESOS
Experiencia mínima de 2 años en procesos de manufactura en la industria Metalmecánica, Dispositivos y Herramientas.

JEFE DE CONTROL DE PLANEACION DE PRODUCCION
Ingeniero mecánico con experiencia mínima de 3 años en la Industria Metalmecánica, con planeacion y control de produccion.

Inspectores de Control de Calidad
Experiencia minma 2 años en manejo de instrumental de medición, interpretación de planos y don de mando.

Asistente de Crédito y Cobranzas
Con conocimientos de Contabilidad

SECRETARIAS
Con conocimientos de inglés, sin experiencia

Afiladores de Herramientas
Con experiencia. Edad entre 19 y 30 años

OFRECEMOS: Sueldo según aptitudes, prestaciones superiores a las le Ley, campo de desarrollo, servicio de comedor y transporte.

Personas interesadas presentarse días y horas hábiles en KILOMETRO 27 AUTOPISTA MEXICO-QUERETARO (entronque con Carretera a Lago de Guadalupe, junto a Gasolinera, a 10 minutos de Ciudad Satélite). At'n. Srita. Patricia Velasco. Teléfono 37960-33

BANCO INTERNACIONAL

para su sucursal en España busca

JEFE(A) DE PERSONAL Y SERVICIOS GENERALES

DESCRIPCION DE FUNCIONES:
- Administración de los récords de personal, planes de beneficios, nóminas, seguros sociales, impuestos sobre nóminas, aplicación de las normas derivadas de Convenios, Reglamentaciones y demás regulaciones oficiales.
- Reporters a la Oficina Principal de la casa matriz.
- Miembro del comité de Reclutamiento de Personal.
- Actualización de la Seguridad del Banco, inventario de impresos y material de Oficina.
- Supervisión y control de las actividades de Servicios Generales, incluyendo correo, microfilm, télex, mobiliario y equipo de oficina y chequeo de las claves de autenticación.

PERFIL DE LA PERSONA
- Experiencia de tres años en funciones similares.
- Graduado universitario o con educación similar.
- Edad de 25 a 35 años.
- Inglés fluido.

SE OFRECE
- Sueldo a convenir de acuerdo con las aptitudes del candidato (a).
- Jornada laboral de lunes a viernes.
- Perspectivas para carrera profesional en un ambiente internacional.

Interesados, enviar «curriculum vitae» al Apartado de Correos n.° 10.080, indicando en el sobre: «A la atención del Departamento de Personal, Ref.° n.° 933».

(M-878.041)

Importante Empresa
REQUIERE LOS SERVICIOS DE UNA SECRETARIA BILINGÜE

— Uso correcto del Inglés hablado y escrito
— Mecanografía excelente en los dos idiomas
— Excelente presentación
— Personalidad, iniciativa y capacidad
— Experiencia por lo menos de dos años en trabajos comerciales
— Relaciones humanas.

OFRECEMOS:

— Estabilidad en el trabajo
— Oportunidades de realización personal
— Remuneración para comenzar de acuerdo a calificación.

Interesadas comunicarse con el teléfono Nº 543-444, Ext. 32 para entrevistas personales.

Este anuncio puede ser muy importante para ti

HOMBRE O MUJER

IMPORTANTE EMPRESA DE AMBITO NACIONAL HARA LA SELECCION

OFRECIENDOLES:

— Una seria oportunidad de trabajo en un ambiente excepcional
— Sueldo, comisiones y primas según aptitudes

REQUISITOS:

— Edad a partir de 23 años
— Buen nivel cultural y social
— Entusiasmo y deseos de superación
— Espíritu de trabajo

Se considerarán favorables las aptitudes para dirigir un equipo dentro de la organización

Interesados presentarse mañana lunes, día 7, en Hotel María Luisa Park, Avda. Presidente Carrero Blanco, 26, de 10 a 1 y 4 a 7 horas. Atenderá Sra. Burgos

SOCIEDAD ESPAÑOLA INTEGRADA EN GRUPO INTERNACIONAL DE GRAN IMPORTANCIA EN EL SECTOR DE MATERIAL DEPORTIVO

necesita

DIRECTOR DE VENTAS

NECESITAMOS:

● Formación universitaria.
● Experiencia no inferior a dos años y preferiblemente en cualquier sector de bienes de consumo masivo.
● El conocimiento del inglés será muy conveniente.
● Residencia en Vitoria con viajes muy frecuentes.

OFRECEMOS:

● Training de formación sobre problemática y productos del sector (ocasionalmente también en el extranjero).
● Jornada laboral de cinco días.
● Sueldo a convenir, pero no inferior a las 750.000 pesetas netas anuales con revisiones periódicas.
● Garantía de absoluta discreción durante el proceso selectivo y de que todas las cartas serán contestadas.

Le rogamos escriba con historial detallado a Oficina de Colocación. General Pardiñas, 5. Madrid. Citando
(Referencia M. N. 385)

ACTIVIDAD: Práctica de vocabulario

1. ¿En qué carreras se tienen pacientes?
2. ¿En qué carreras se tienen clientes?
3. ¿En qué carreras hay mucho contacto con estudiantes?
4. ¿En qué carreras se necesitan máquinas?
5. ¿En qué carreras se necesitan herramientas [*tools*]?
6. ¿En qué carreras se utilizan equipos electrónicos?
7. ¿En qué carreras es importante hablar otra lengua?
8. ¿En qué carreras se necesita calculadora?

ACTIVIDAD PERSONAL: Su carrera

1. ¿Ya ha escogido Ud. una carrera? ¿Cuál?
2. ¿Por qué escogió Ud. esa carrera?
3. ¿Qué materias tiene que estudiar para prepararse en esa carrera?
4. ¿Qué ocupación tiene su papá? . . . ¿Y su mamá? ¿Ha escogido Ud. la misma ocupación que ellos?
5. Cuando Ud. tenía cinco años, ¿en qué carrera pensaba? ¿Cuándo tenía diez años? ¿Cuándo tenía 15 años?
6. ¿Trabaja Ud. mientras estudia? ¿Trabaja Ud. media jornada [*part time*] o jornada completa [*full time*]? ¿Qué hace?
7. ¿Ha trabajado Ud. durante los veranos? ¿Qué trabajo ha hecho? ¿Le gustó ese trabajo? ¿Por qué lo escogió?

SEGUNDA PARTE

Cuestionario: **Sus preferencias**

El empleo [*trabajo*] o la profesión depende de muchos factores: sus dones [*talentos*], su aptitud, su iniciativa, su preparación profesional, y también sus gustos. Para ayudarlo a escoger su futura carrera, aquí hay un cuestionario donde Ud. puede indicar las cosas que son importantes para Ud. en la selección de una carrera. Léalo con cuidado y escriba sus preferencias en un papel. No es necesario indicar solamente una letra para cada número. Se puede indicar varias.

1. Prefiero trabajar. . .
   a. en una oficina
   b. en una tienda
   c. en un consultorio
   d. en un hospital
   e. en una institución educativa
   f. al aire libre [*outdoors*]
   g. en un teatro
   h. en un taller [*workshop*]
   i. en un laboratorio
   j. en una fábrica

2. Quiero vivir en. . .
   a. una ciudad grande
   b. una ciudad mediana
   c. un pueblo
   d. el campo

3. Me gustaría. . .
   a. viajar mucho
   b. viajar un poco
   c. no viajar

4. Espero vivir en. . .
   a. el mismo lugar donde vivo ahora
   b. otra parte de este país
   c. un país extranjero

5. Me es importante trabajar. . .
   a. con muchas personas diferentes
   b. con poca gente
   c. solo(a)

6. Prefiero trabajar con. . .
   a. adultos
   b. adolescentes
   c. niños
   d. máquinas
   e. animales
   f. equipos electrónicos

7. Quiero trabajar en. . .
   a. una compañía grande
   b. una compañía pequeña
   c. el gobierno
   d. por mi cuenta [*on my own*]

8. A mí me gusta. . .
   a. la variedad
   b. la rutina
   c. el peligro [*danger*]
   d. el confort

9. En mi empleo quiero. . .
   a. ayudar a la gente
   b. tener mucho movimiento y
      actividad
   c. ejercer mis talentos
      y capacidades
   d. realizarme [*fulfill myself*]

10. Para mí los factores de un empleo que son importantes son. . .
    a. el sueldo [*salario*]
    b. los beneficios
    c. ser miembro de un sindicato
       [*unión*]
    d. el ambiente [*environment,
       atmosphere*]
    e. la gente con quien trabajo
    f. las posibilidades de
       avanzar
    g. la oportunidad de aprender

11. El sueldo que gano es. . .
    a. muy importante
    b. importante, pero no es
       el factor principal
    c. de poca importancia
    d. de ninguna importancia

12. Prefiero trabajar con. . .
    a. la cabeza
    b. las manos
    c. la cabeza y las manos

13. Tengo conocimientos de. . .
    a. otra(s) lengua(s)
    b. mecanografía [*typing*]
    c. taquigrafía [*shorthand*]
    d. mecánica
    e. programación
    f. manejo de vehículos

14. El horario de trabajo [*working hours*]
    a. Me gustaría trabajar de lunes a viernes de las 9 a las 5.
    b. Prefiero trabajar por la noche.
    c. No quiero tener horario fijo [*fixed hours*].
    d. No me molesta trabajar los fines de semana [*weekends*].
    e. No me importa el horario de trabajo.

15. Indique los talentos especiales que Ud. tiene.

16. Indique la experiencia que Ud. tiene.

Escúcheme:

Forme un grupo con tres o cuatro personas más. Dígales a las otras personas del grupo lo que Ud. ha escrito en el papel. A cada persona le toca hacer lo mismo.

Y tú, ¿qué dices?

Las otras personas del grupo ahora son consejeros [*counselors, advisors*] de orientación vocacional. Después de escuchar lo que Ud. ha escrito, le aconsejan con respecto a la carrera que debe seguir. ¿Están todos los consejeros de acuerdo? ¿Hay algún conflicto de opinión entre ellos? ¿Qué dice Ud.? ¿Han sugerido su carrera preferida? (¡No les diga a los consejeros cuál es su preferencia hasta que ellos terminen de hablar!)

ACTIVIDAD: La entrevista de empleo

Ud. está buscando empleo y acaba de leer uno de estos anuncios. ¡Es el empleo perfecto, exactamente lo que Ud. buscaba! Ud. manda una carta, después llena [*fill out*] la solicitud de empleo [*job application*], y ahora tiene una entrevista con el Director de Personal (otro estudiante). Le dice a Ud. «Como se ve en el anuncio, es necesario hablar español en este empleo. Entonces, ¿por qué no tenemos la entrevista en español?» «¡Muy bien!»

Algunas de las preguntas que puede hacer el Director son: ¿Cuántos años tiene Ud.? ¿Dónde estudió Ud.? ¿Qué estudió? ¿Qué experiencia ha tenido Ud.? ¿Cuáles son sus calificaciones? ¿Tiene Ud. algunas preguntas sobre este empleo?

Algunas preguntas que Ud., el(la) candidato(a) puede hacer son: ¿Qué beneficios ofrece la compañía? ¿Cuál es el sueldo? ¿Con qué frecuencia puedo recibir aumentos de sueldo? ¿Cuáles son las posibilidades de avanzar? ¿Cuántas vacaciones se dan? ¿Tendré mucha responsabilidad?

Después de la primera entrevista cambien Uds. de papeles [*roles*]. Ud. es el Director de Personal y la otra persona es el candidato.

¿Consiguió Ud. el empleo?

International Officer

The First National Bank of Boston has positions for several bi-lingual officer-level staff in the Latin American Division of the International Area. This opportunity will initially be based in our Boston home office and can lead to an overseas assignment.

Initial responsibilities will include: working on a country desk, reviewing credits, liasion work between international offices and the home office, foreign marketing activities and political and economic research projects.

The preferred candidate will have 2-3 years of significant experience with a major international bank, possess fluency in both Spanish and English and be familiar with Latin American cultures. In addition this person should have completed extensive credit training, possess international operations background, and have exposure to the international lending process.

BILINGUAL READING SPECIALIST

Certified or certifiable in Reading in Connecticut (Spanish-English) to provide intensive reading instruction to eligible limited English proficient students in grades 8 through 12. An equal opportunity M/F employer. Write to:

Personnel Dept.
Board of Education

Ethical Pharmaceuticals

International Product Manager

From a strong research base, Sterling Drug is committed to introduce new products for the health and welfare of people around the world. Our name is synonomous with leading pharmaceuticals, proprietaries, chemicals, cosmetics and environmental control systems marketed internationally.

We now wish to add to our International Pharmaceutical Division by adding a Product Manager with proven marketing skills and a desire to grow in the international marketing arena.

Applicants must be fluent in Spanish, hold a degree in Life Sciences or Business,

preferably an MBA, with two or more years experience as a Product Manager or Assistant PM in ethical pharmaceuticals.

After a period at our Corporate Headquarters in New York, you will be assigned to an overseas line marketing growth opportunity.

We offer a competitive salary and benefits plan. If you have the necessary qualifications and a definite interest in an overseas career, we would like to talk with you. Please submit your resume with salary history (a must to be considered) in confidence to: Ms. Barbara Barra, Sterling Drug Inc., 90 Park Avenue, New York, New York 10016

apply. emplo...

SPANISH TRANSLATOR: We are seeking a well motivated individual with the minimum of a high school education and a certificate of completion of a Translation/Interpretation course in English/Spanish. Duties include translating simultaneously during negotiations and sales meeting between company executives and its South American customers, and to translate letters and technical documents, extensive travel involved. Salary $12,480.00 yr. 40 hrs. per week. Send Resumes to

SOCIAL WORKER

Casework position with innovative family counseling agency in Manhattan. Spanish speaking required. MSW preferred. BA okay.

Pulmonary Function Technician

Major teaching medical center seeks licensed technician for pulmonary medicine dept. This is a responsible, full time position requiring prior experience in pulmonary function testing and the maintenance of the laboratory & equipment. Fluency in Spanish desirable.

Send resume to:
Personnel Dept. PFT

GENERAL MANAGEMENT OPPORTUNITIES

MAJOR INTERNATIONAL COMPANY HAS WORLDWIDE CAREER POSITIONS

One of the foremost Fortune 100 consumer product companies, that has over 40 major overseas manufacturing facilities, is looking to add several highly motivated individuals to its organization through a general management intern program. And, while the company is headquartered in suburban N.Y., these individuals will be involved in an international training program visiting our various locations around the world in order to be groomed in such major areas as marketing, finance, planning, plant management and operations functions to become a well rounded member of our worldwide management effort.

Prime candidates will look forward to an international assignment and must possess fluency in a second language as well as a commitment to an international career. A degree (preferably advanced) in marketing, general management, or planning and 3 to 5 years of practical experience in a results-oriented environment along with excellent interpersonal skills are essential.

El estudiante y el trabajo

Para muchos estudiantes norteamericanos las vacaciones de verano son una oportunidad de trabajar para ganar dinero y para conseguir experiencia. También, muchos de ellos trabajan media jornada durante el año escolar para pagar sus estudios. Y, como hemos notado antes, muchos estudiantes en los países hispánicos también trabajan mientras estudian. Aunque la universidad del estado cuesta muy poco y generalmente el estudiante vive en casa, muchos de ellos trabajan porque tienen que ayudar a su familia económicamente o porque tienen que mantenerse.° — support themselves

Pero existe un gran número de estudiantes hispanos que no trabajan durante las vacaciones, sino que pasan el verano en la playa o viajando. Eso se debe° a varios motivos. Uno es la — is due to
dificultad de obtener empleo por pocos meses en países que tienen mucho desempleo.° Otro es la estratificación social. Un — unemployment
estudiante hispano de una familia de clase media° nunca tra- — middle class
bajaría en un restaurante, ni en una estación de servicio, ni en un supermercado. Tradicionalmente la gente de la clase media y de la clase alta° no hacen trabajo manual. Y, como hay pocas — upper class
oportunidades de empleo interesante para la gente con pocas
habilidades° profesionales, el estudiante de cierto nivel — skills
económico prefiere aprovechar° otras experiencias. — take advantage of

LA PALABRA ESCRITA: El verano pasado y el verano próximo

Para practicar el español escrito, complete las siguientes oraciones que le permiten expresar la realidad y la fantasía de sus veranos.

REALIDAD:

El verano pasado yo. . .

FANTASÍA:

El verano pasado yo. . .

REALIDAD:

Supongo que el verano próximo voy a. . .

FANTASÍA:

El verano próximo voy a. . .

REALIDAD:

Estuve en. . ., cuando. . .

FANTASÍA:

Estuve en. . ., cuando. . .

TERCERA PARTE

La mujer trabajadora

La personalidad de la mujer trabajadora en España está condicionada por una serie de factores.

- La mujer no recibe una auténtica preparación para el trabajo. Su formación sigue siendo la tradicional encaminada° al hogar y al matrimonio. — *leading to*
- La incorporación de la mujer al trabajo, excepto en puestos° administrativos y en limitadas industrias, es todavía muy reciente. — *positions*
- El nivel° cultural de la masa de mujeres trabajadoras es bastante bajo. — *level*
- Hay muchos trabajos que están totalmente prohibidos para la mujer y otros que ella no puede llegar a realizar° por falta° de preparación adecuada. Prácticamente no existen escuelas de formación profesional femenina. — *carry out / lack*
- Existe una marcada oposición a que la mujer ocupe puestos de mando° o de nivel alto, incluso para aquellas que poseen título universitario. — *management*

Estos factores contribuyen a la dificultad que la mujer española ha tenido en desarrollar° su personalidad en el trabajo. Sin embargo merece destacarse° que la mujer raramente sufre frustraciones en el trabajo, quizá debido a que lo toma como una etapa° provisional de su vida, dirigida, principalmente, hacia° el matrimonio. — *developing / it should be pointed out / stage / toward*

Podemos decir que la personalidad de la mujer trabajadora solamente se ha desarrollado en los empleos administrativos hacia una de estas dos tendencias:

- La mujer algo° mayor, generalmente soltera y resignada, que lleva bastantes años como empleada o mecanógrafa° en la misma oficina, que centra su vida en el trabajo y llega a sentir verdadera adoración por sus jefes° y la empresa. — *somewhat / typist / bosses*
- La mujer más joven, con más nivel cultural, que trabaja integrada en un equipo° de hombres y compartiendo° sus mismos problemas, pero adoptando una postura más sumisa° que los hombres y relegándose a un segundo término.° — *team, group / sharing / submissive / place*

En la actualidad° existe una gran reacción de la mujer española en este sentido. Cada día nuestras mujeres se preparan más y mejor, salen al extranjero° y reclaman° el puesto que las corresponde en el mundo del trabajo. Esta reacción ha sido iniciada, como es lógico, por las mujeres del nivel universitario, — *Currently / abroad / demand*

63

PROGRAMA DE COCINA

CON PILAR TURNER

Ahora en su nuevo horario:

Sábados de 11:30 a.m. a 12:00 m.
Exquisitas recetas de cocina,
a cargo de Pilar Turner,
para deleite de todos.

WXIV 41 el canal de la comunidad

que se rebelan con lógica indignación ante los obstáculos que
encuentran para ejercer° profesionalmente.   *practice*

Ya hoy en día comienza a valorarse° el trabajo de la mujer,   *to value*
y en algún caso, aunque aislado° todavía, vemos a mujeres   *isolated*
ocupando puestos directivos.

De las muy variadas e incluso controvertidas° afirmaciones   *controversial*
que aquí se han hecho, podemos concluir que la sociedad es
injusta con las mujeres. Esta afirmación no debe sorprender-
nos, pues con su estructura actual la sociedad es además injusta
con otros muchos grupos. La cuestión es un cambio de men-
talidad para aceptar a la persona como ser inteligente que trans-
forma la sociedad y olvidarnos de cualquier atavismo que
compara la eficacia° con el sexo.   *effectiveness*

ACTIVIDAD: Comprensión de lectura

Escoja Ud. una frase de la Columna B para completar las frases de la Columna
A según lo que dice el autor del artículo.

Columna A

E 1. La preparación para el trabajo de
    la mujer española. . .
I 2. La incorporación de la mujer al
    trabajo. . .
G 3. El nivel cultural de la mayoría de
    las mujeres trabajadoras. . .
J 4. Muchos trabajos están prohibi-
    dos para la mujer. . .
K 5. Las mujeres que quieren ocupar
    puestos de mando o de nivel
    alto no los consiguen. . .
A 6. La mujer raramente sufre frustra-
    ciones en el trabajo. . .
H 7. Hasta ahora la mujer mayor en
    un empleo administrativo. . .
B 8. La mujer joven en un empleo
    administrativo. . .
F 9. Hoy en día la mujer del nivel
    universitario. . .
D 10. La sociedad se transformará. . .

Columna B

a. porque percibe el trabajo como
    etapa provisional en su vida.
b. adopta una postura sumisa y se
    relega a segundo término.
c. es injusta.
d. con la concepción de la persona
    como ser inteligente y la elimina-
    ción del sexismo.
e. es inferior.
f. es mejor y más preparada y re-
    clama el puesto que la
    corresponde.
g. no es alta.
h. centra su vida en el trabajo y
    adora a su jefe y la empresa.
i. es reciente y limitada.
j. porque ella falta preparación.
k. porque existe mucha oposición.
l. es de nivel universitario.

Y tú, ¿qué dices?

Ahora complete las frases de la Columna A para expresar su propia perspectiva
de la mujer trabajadora de los Estados Unidos.

Mamá y mujer trabajadora /
Mamá o mujer trabajadora

Cada día más y más mujeres ocupan puestos o escogen profesiones en vez de dedicarse a su papel° tradicional de ama de casa.° Los conflictos y las victorias que confrontan las mujeres que trabajan forman parte de la lucha° por la emancipación. Uno de los conflictos personales que muchas de ellas tienen que confrontar es el de la familia y el trabajo. ¿Casarse o no casarse? ¿Tener hijos y seguir trabajando? O ¿tener hijos y dejar de° trabajar? O ¿no tener hijos?

    Para saber cómo algunas mujeres piensan de este problema contemporáneo, entrevistamos a varias de origen hispano—cubanas, puertorriqueñas y chicanas—que viven y trabajan en los Estados Unidos.

role
housewife
struggle

to stop

Nombre: Amalia Altamira (Houston)
Edad: 36 años
Profesión u oficio: Arquitecta
Estado civil: Casada, dos hijos

Me gusta trabajar en mi profesión y me gusta estar con mis hijos. Mi esposo, mis hijos y yo dividimos las responsabilidades y compartimos casi todas las tareas domésticas. He sido muy afortunada porque cuando mis hijos eran chiquitos° mi mamá los cuidaba. Pero ahora me doy cuenta de que los hijos de las madres que trabajan son más independientes y responsables.

pequeños, jóvenes

Nombre: Norma Balbuena (Jersey City)
Edad: 28 años
Profesión u oficio: Administradora de una agencia social
Estado civil: Divorciada, un hijo

Yo creo que el sistema es muy injusto. El hombre siempre tiene, en su profesión o en su trabajo, el apoyo° de su esposa y de su familia. Un hombre no se siente° mal porque pasa muchas horas al día sin ver a sus hijos porque cree que el papel de la mujer es el de cuidar a los niños. Pero la mujer que trabaja no siempre encuentra este apoyo. Yo no tengo alternativas. Tengo que trabajar para mantenerme° a mí y a mi hijo.

support
feel

to support

Nombre: Carmen Rivera (Miami)
Edad: 37 años
Profesión u oficio: Carpintera
Estado civil: Casada, 3 hijos

Empecé a trabajar porque quería ganar dinero. No tengo mucha
preparación y no me gustó la idea de pasar ocho horas al día
en una fábrica. Entonces decidí trabajar con mi esposo que es
carpintero. Aprendí mucho de él y creo que ahora soy una
buena carpintera. ¡Nunca volveré a ser ama de casa!

Nombre: Mercedes Soriano (New
     York)
Edad: 34 años
Profesión u oficio: Jefa de personal
Estado civil: Casada, 2 hijos

Para mí el trabajo es una parte muy importante de mi vida.
Trabajé por necesidad unos años cuando mi esposo era estudiante de medicina y después, cuando mis hijos eran pequeños, me quedé en casa con ellos. Ya que los chicos están
en la escuela, yo no veo ninguna razón para quedarme en casa.
Además, creo que el tiempo que paso con mi familia tiene
ahora más calidad.°   quality

Nombre: Ana Elizalde (Los Angeles)
Edad: 28 años
Profesión u oficio: Locutora de
     televisión
Estado civil: Soltera

Por el momento no tengo planes de casarme, pero si algún día
me caso, mi esposo tendrá que aceptarme como soy—inde-
pendiente. Francamente, sería muy difícil escoger entre mi
carrera y mi familia porque yo creo que la madre debre criar°   to raise
a sus hijos y no dejarlos en una guardería° o con otra persona.   day-care center
Entonces, es posible que no tenga hijos para evitar° ese con-   to avoid
flicto entre la familia y el trabajo.

Nombre: Elena Quintana (Phoenix)
Edad: 25 años
Profesión u oficio: Psicóloga
Estado civil: Soltera

El matrimonio no me interesa por ahora. Pero cuando encuen-
tre la persona con quien quiero casarme, él va a tener que
aceptar el hecho de que° el trabajo es una parte intrínseca de   *the fact that*
mi vida y que tendremos que compartir carrera, amor, hogar
y niños.

ACTIVIDAD: La continuación de las entrevistas

Las entrevistas son breves y seguramente Uds. tienen muchas preguntas que les
gustaría hacer. Para seguir [*to continue*] con las entrevistas, Uds. necesitan seis
personas para desempeñar el papel [*to play the role*] de las seis mujeres trabajadoras. Lo demás de la clase son los entrevistadores que pueden hacer preguntas
que se refieren al trabajo, la vida familiar, etc.

ACTIVIDAD: Los esposos hablan

Tres de las mujeres están casadas y Uds. quieren saber lo que dicen sus esposos.
Tres personas pueden desempeñar el papel de los esposos y los demás pueden
seguir en su carrera de entrevistador infatigable.

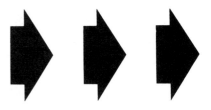

Una encuesta

¿Cuáles son las actitudes y opiniones de los miembros de la clase sobre el matrimonio, la familia y la mujer trabajadora?

Para mujeres	SÍ	NO	No estoy decidida
1. Quiero casarme.	☐	☐	☐
2. Quiero tener hijos.	☐	☐	☐
3. Pienso seguir trabajando después de casarme.	☐	☐	☐
4. Pienso seguir trabajando después de tener hijos.	☐	☐	☐
5. Es más importante la calidad del tiempo que la familia pasa juntos que la cantidad.	☐	☐	☐

Para hombres	SÍ	NO	No estoy decidido
1. Quiero casarme.	☐	☐	☐
2. Quiero tener hijos.	☐	☐	☐
3. Quiero que mi esposa siga trabajando después de casarse.	☐	☐	☐
4. Quiero que mi esposa siga trabajando después de tener hijos.	☐	☐	☐
5. Es más importante la calidad del tiempo que la familia pasa juntos que la cantidad.	☐	☐	☐

SUMARIO:

Sume las respuestas. ¿Hay diferencias entre las actitudes de los hombres y las mujeres? ¿Cuáles son?

¡La vida es una fiesta!

4

· ·

PRIMERA PARTE   **¡Que se diviertan!**

SEGUNDA PARTE   **¡Feliz cumpleaños!**

TERCERA PARTE   **¡Salud, dinero y amor!**

¡Que se diviertan!°

Have a good time!

La gente hispánica suele° decir que «La vida es una fiesta», y cualquier° ocasión les sirve de pretexto para celebrar con una reunión° o una fiesta. Cada país o a veces cada región de un país tiene su idea de cómo debe ser una buena fiesta, qué hay que comer y beber, y qué música se prefiere. Puede ser una fiesta para celebrar el cumpleaños con la familia y los amigos, una cena° en casa o en un restaurante para una despedida de soltero(a),° una fiesta en casa con toda la familia para celebrar un aniversario, o una fiesta para celebrar la Víspera del Año Nuevo° (en España se llama Nochevieja). A veces la fiesta no tiene ningún motivo especial: ¡hay una fiesta porque es el fin de semana! Cualquier ocasión o tipo de fiesta que sea, todo el mundo quiere olvidarse de la rutina diaria por un rato° y divertirse con los amigos y los parientes,° con música y baile, con comida y bebida, con conversación animada. . . ¡y con alegría!

¿Cuáles son los ingredientes de una fiesta estupenda? Los invitados,° las invitaciones, la música, la comida, la bebida, la conversación, el lugar. . . todos ésos son los ingredientes indispensables que contribuyen al éxito de una fiesta.

often
any
get-together

supper
bachelor party, bridal shower

New Year's Eve

for a while / relatives

guests

VOCABULARIO

Los preparativos

Ahora su clase va a preparar una fiesta estupenda—¡absolutamente fantástica! Para hacerlo bien, todos tienen que indicar sus preferencias.

¿A quiénes invitamos?
  ¿A los amigos. . . o a **los conocidos** [*acquaintances*]. . . o a **los compañeros** [*classmates*]. . . o a la familia?

¿A qué tipo de gente invitamos?
  ¿A gente **agradable. . .** o **divertida** [*entertaining*]. . . o **discutidora** [*argumentative*]. . . o **latosa** [*boring*]?

¿Qué es más **divertido** [*fun*]?
  ¿Invitar a sus amigos íntimos. . . o a **gente desconocida. . .** o a algunos viejos amigos y algunas personas nuevas. . . o a su familia?

¿Cómo invitamos a los invitados?
  ¿Por teléfono. . . o **por correo. . .** o personalmente?

¿Cuándo los invitamos?
  ¿El día de la fiesta. . . o **el día anterior. . .** o una semana antes. . . o dos semanas antes?

¿De qué hablamos?
  ¿**De la política** [*politics*]. . . o del trabajo. . . o de los estudios. . . o **de las diversiones. . .** o **de temas personales. . .** o **de temas de todos los días. . .** o de temas nuevos. . . o de otra gente?

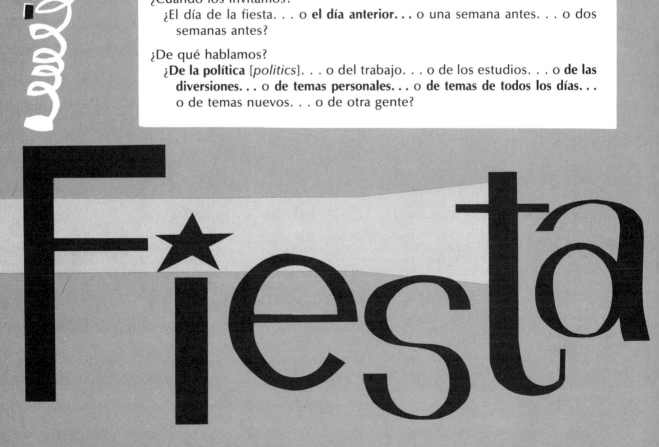

¿Qué hacemos?

¿Bailamos. . . o conversamos. . . o cantamos. . . o escuchamos música. . . o comemos. . . o **contamos chistes** [*tell jokes*]. . . o jugamos al Scrabble?

¿Qué tipo de música queremos?

¿Música clásica. . . o música popular. . . o música rock. . . o música latina. . . o música folklórica?

¿Qué música vamos a tener?

¿**Un conjunto** [*musical group*]. . . o **un guitarrista.** . . o **una orquesta.** . . o **discos.** . . o **cintas** [*tapes*]?

¿Qué bebidas vamos a servir?

¿Refrescos. . . o **cerveza** [*beer*]. . . o **vino.** . . o **sangría** (Vea p. 81. . . o **sidra** [*cider*]. . . o **champán?**

¿Qué comida vamos a preparar?

¿**Una torta.** . . o sándwiches. . . o **una comida grande.** . . o **algunas cosas para picar** [*nibble*]?

¿De qué **tamaño** [*size*] será la fiesta?

¿Grande. . . o no muy grande. . . o íntima?

¿Dónde será la fiesta?

¿En casa. . . o en un club. . . o **en un salón** [*hall*]. . . o **al aire libre** [*out of doors*]?

¿Y qué va a hacer Ud. durante la fiesta?

¿**Divertirse** [*have fun*]. . . o leer un buen libro. . . o **preocuparse** [*worry*]. . . o comer mucho. . . o bailar toda la noche. . . o **emborracharse** [*get drunk*]?

ACTIVIDAD: Vocabulario

Ahora compare sus respuestas con las de los otros miembros de la clase.

1. ¿A quiénes invitan Uds.?
2. ¿A qué tipo de gente van a invitar?
3. ¿Cómo los van a invitar?
4. ¿Cuándo los van a invitar?
5. ¿De qué o de quién van a hablar?
6. ¿Qué van a hacer en la fiesta?
7. ¿Qué tipo de música quieren?
8. ¿Quiénes o qué van a tocar la música?
9. ¿Qué bebidas van a servir?
10. ¿Qué comida van a preparar?
11. ¿De qué tamaño va a ser la fiesta?
12. ¿Dónde será la fiesta?
13. ¿Qué van a celebrar?

ANÉCDOTA. En una entrevista con una anfitriona [*hostess*] que tenía fama por sus fiestas magníficas, un periodista le preguntó el secreto de su éxito. La anfitriona famosa le contestó así: «Invito a una persona inteligente por su conversación interesante y estimulante. También siempre invito a una persona divertida porque así la fiesta es alegre. Me gusta invitar a un artista famoso porque los artistas son diferentes y aun excéntricos. Y es necesario tener por lo menos una persona sumamente [*extremely*] atractiva para dar un aire de encanto [*glamour*] a la fiesta.»

ACTIVIDAD: Otros invitados

Ya que Uds. han preparado una fiesta y saben el secreto de la anfitriona famosa, Uds. también pueden invitar a gente con características similares. Esas personas pueden ser personas que Ud. conoce, famosas personas contemporáneas, personas de la historia, personajes [*characters*] míticos, o personajes de la literatura. Indique a quién Ud. va a invitar.

La persona inteligente   La persona de talento artístico
La persona divertida   La persona atractiva

1. Formen Uds. grupos de cinco personas. Comparen sus selecciones de personas y escojan a una persona de cada categoría que todo el grupo quiera invitar.
2. Ahora, una persona es el (la) anfitrión(a), una es la persona inteligente, una es la persona divertida, una es la persona de talento artístico y otra es la persona atractiva. Los invitados llegan, pero ellos no se conocen. Por supuesto, el anfitrión (la anfitriona) los presenta.

EXPRESIONES:

«Señor, Señora, Señorita ____ , me gustaría presentarle a ____ .»

La persona que es presentada da la mano y contesta: «Mucho gusto en conocerlo(la)» o «Mucho gusto» o «Encantado(a)».

Éste es el momento para comenzar una conversación fascinante. Hable Ud. con las otras personas sin olvidarse de quienes son y de quien es Ud., porque ahora ¡Uds. son personas famosas!

¡Reacciones!　A veces en una conversación queremos evitar la necesidad de contestar inmediatamente porque queremos pensar antes de contestar o porque no tenemos una respuesta inmediata o simplemente porque no sabemos lo que decir.

Hay varias maneras de hacer eso:

1. Se puede repetir las últimas palabras que ha dicho la otra persona.
2. Se puede decir algo que no significa nada, como «Muy interesante», «No lo sabía», «Bueno» o «Pues» y vacilar [*hesitate*] un momento.
3. Se puede estimular una repetición o una explicación con estas expresiones:
   «¿Qué quiere decir eso?» o «No entiendo la pregunta.»

¿Está Ud. preparado para presentar Mahatma Ghandi a Marilyn Monroe? ¿Está Ud. preparado para ser Salvador Dalí? ¡No se olvide de usar las reacciones en su conversación!

SEGUNDA PARTE

¡Feliz cumpleaños!

Cumpleaños feliz,
Cumpleaños feliz,
Cumpleaños felices,
Cumpleaños feliz.

¿En qué piensa Ud. cuando escucha esta canción? ¿En una fiesta, en una torta con velitas° de cumpleaños, o en regalos? ¿O piensa Ud. en ser mayor de edad,° en obtener una licencia de conducir,° en votar, en tomar bebidas alcohólicas, o en entrar al servicio militar?

candles
of legal age
driver's license

Cada cumpleaños significa algo especial para cada persona, pero hay algunos cumpleaños que son aun más especiales que otros. Por ejemplo, cumplir los 5 años usualmente significa que un niño puede asistir a la escuela. En los Estados Unidos cumplir los 16 años significa una fiesta especial para muchas chicas. Pero en los países hispánicos el cumpleaños especial de una chica es cuando ella cumple los 15 años. En la mayoría de los países hispánicos los 18 años es la edad cuando un joven puede obtener una licencia de conducir, puede votar y tiene que inscribirse° en el servicio militar. Hay cumpleaños que significan un año más, pero hay otros que representan un paso° de una etapa° de la vida a otra.

register
step
stage

Aparte de celebrar el cumpleaños, mucha gente hispánica también celebra su día de santo.° Éste es el día en que la iglesia católica honra° a un santo, y las personas que llevan el nombre del santo celebran su día. En muchos casos la persona lleva el nombre porque nació° en el día de aquel santo. ¡Entonces, celebra el día de su santo y el cumpleaños a la vez!°

saint's day
honors
was born
at the same time

75

ACTIVIDAD: La edad

1. ¿Cuántos años tiene Ud.?
2. ¿Cómo le gusta celebrar su cumpleaños?
3. ¿A qué edad se puede conducir un coche en su estado?
4. ¿A qué edad se puede tomar bebidas alcohólicas en su estado?
5. ¿A qué edad se puede votar?
6. ¿A qué edad es necesario inscribirse en al servicio militar?
7. ¿Cuál es la fecha de su cumpleaños? ¿Coincide con el cumpleaños de otra persona de la clase? ¿Coincide con el cumpleaños de otro miembro de su familia?
8. ¿Sabe Ud. si alguna persona famosa tiene el mismo cumpleaños? ¿Quién es?

Los invitados

¿Cumple los 8 años? ¿Los 18? ¿Los 80? ¡No importa! ¡Es un día importante y hay que celebrarlo con una fiesta! Y para los hispanos, hay que celebrarlo con la familia.

Para la familia el cumpleaños es una oportunidad de re-unirse° en un momento alegre. La familia hispana es, por lo general, más grande que la familia norteamericana y además es una familia muy unida.° Por eso, todas las generaciones de una familia asisten a las fiestas y reuniones, desde los bebés en brazos° hasta los ancianos.° Hay algunas ocasiones que se celebran solamente con amigos, ¡pero el cumpleaños se ce-lebra con la familia!

Cuando se habla de la familia hispana, no se refiere sola-mente a los padres, los hermanos y los abuelos. Es una familia extendida que incluye a muchas personas más y también a los padrinos. Entonces, no se puede hablar de una fiesta de cum-pleaños sin conocer a toda la familia.

get together

close

babies in arms / elderly

PARA TU CUMPLEAÑOS
TE ESTOY DANDO
EL SOL, LA LUNA
LAS ESTRELLAS, LA TIERRA
VERANO, CIELO AZUL
Y MUCHO AMOR

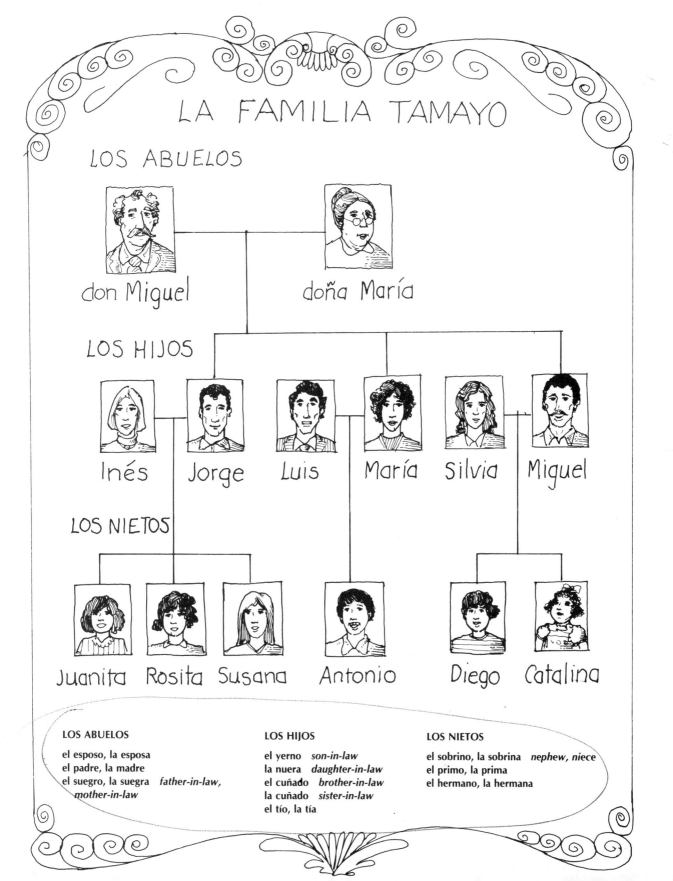

LA FAMILIA TAMAYO

LOS ABUELOS

don Miguel   doña María

LOS HIJOS

Inés   Jorge   Luis   María   Silvia   Miguel

LOS NIETOS

Juanita   Rosita   Susana   Antonio   Diego   Catalina

LOS ABUELOS

el esposo, la esposa
el padre, la madre
el suegro, la suegra *father-in-law, mother-in-law*

LOS HIJOS

el yerno *son-in-law*
la nuera *daughter-in-law*
el cuñado *brother-in-law*
la cuñado *sister-in-law*
el tío, la tía

LOS NIETOS

el sobrino, la sobrina *nephew, niece*
el primo, la prima
el hermano, la hermana

ACTIVIDAD: ¿Quién es quién?

Es el aniversario de casamiento de doña María y don Miguel. Toda la familia y muchos amigos han venido para celebrar la ocasión feliz. Algunos amigos no conocen a todos los miembros de la familia Tamayo y hay que presentarlos. Complete las siguientes frases para explicar quién es quién.

INÉS: —Quiero presentarle a mis ____, los padres de mi esposo.

SILVIA: —Quiero que conozcas a mi ____, Inés.

DOÑA MARÍA: —Este hombre tan simpático es mi ____, Luis.

MARÍA: —Esas niñas son mis ____, las hijas de mi hermano Jorge.

LUIS: —¡Tanto tiempo que no nos vemos! ¿Conoces a mi ____, María?

ANTONIO: —____ Silvia, ¿te gustaría bailar conmigo?

DON MIGUEL: —Sí, tenemos mucho orgullo de nuestros seis ____.

SUSANA: —No, Catalina no es mi hermana. Es mi ____.

DOÑA MARÍA: —Tienes razón. Nuestra ____, Inés, es muy linda.

ROSITA: —Nosotros, los nietos, hemos preparado una sorpresa para nuestros ____.

ACTIVIDAD: Preguntas personales

1. ¿Cuántos hermanos tiene Ud?
2. ¿Cuántos tíos y tías tiene Ud.?
3. ¿Tiene Ud. muchos primos? ¿Cuántos?
4. ¿Está casado(a) alguno(a) de sus hermanos o hermanas?
5. ¿Tiene Ud. un sobrino o una sobrina? ¿Cuántos?
6. ¿Le gustaría ser padre o madre? ¿Cuántos hijos le gustaría tener?
7. Cuando Ud. celebra su cumpleaños, ¿invita a toda la familia? ¿A quiénes invita Ud.?

Y tú, ¿qué dices?

Mañana será el cumpleaños de un miembro de su familia y Ud. está invitado a la fiesta. Pero hay un problema bastante grave: ¡Ud. no tiene mucho dinero para comprar un regalo! ¿Qué se puede regalar [give a gift] con mucha imaginación y poco dinero? Pida ayuda de cuatro o cinco compañeros de clase. Ellos tienen que hacer preguntas como «¿Cuántos años tiene?» «¿Cómo le gusta pasar su tiempo libre?» «¿Cuántos hijos tiene?» «¿Dónde vive?» ¡El grupo tiene muchas ideas y le va a ayudar con sugerencias para resolver su problema!

Escúchame

¡Qué suerte! ¡Ud. acaba de sacarse el gordo [win the grand prize] en la lotería! ¡Es una fortuna! Ahora otro miembro de su familia lo invita a una fiesta de cumpleaños. Dígale al grupo para quién es la fiesta y lo que Ud. piensa regalarle y por qué Ud. ha escogido [selected] este regalo.

LA PALABRA ESCRITA: Una fiesta de cumpleaños

Pato Donald, Johnny Carson, Drácula, Machiavelli, Beethoven, El hombre araña [*Spiderman*], Blancanieve [*Snow White*], Janis Joplin, y Bárbara Walters. ¿Qué tienen en común? ¡Es el cumpleaños de ellos! ¡Y Ud. está preparando una fiesta para cada uno!

Escoja una persona de la lista y escriba un párrafo breve explicando cómo será la fiesta. Se puede mencionar la lista de invitados, el lugar y la fecha de la fiesta, lo que Ud. piensa servir, las actividades planeadas, la música, y todos los otros detalles importantes. ¡Tenga en cuenta [*bear in mind*] que la fiesta debe ser apropiada para la persona que Ud. ha escogido!

TERCERA PARTE

¡Salud, dinero y amor!

Todo el mundo tiene la costumbre de brindar° antes de tomar   *to toast*
la primera copa° en una reunión, una cena o una fiesta. En los   *glass of wine*
países hispanos se levantan las copas y se dice «¡Salud,° dinero,   *Health*
y amor y tiempo para gozarlos!»

¿Qué hay en las copas? ¿Refrescos, jugo de fruta,° sidra o   *fruit juice*
agua mineral? ¿O hay cerveza, vino, sangría o un batido?° Lo   *shake*
que contiene la copa depende de la edad de los participantes,
de la fiesta, de las costumbres de la familia y las del país. Pero,
por lo general, no depende de la ley.° Los padres, la costumbre   *law*
y la tradición determinan lo que toman los jóvenes, no la ley.

Beba salud.

Villavicencio
El agua mineral.

Algunos países hispanos tienen fama por sus vinos de calidad y la gente se acostumbra a tomar vino con sus comidas. En España, Argentina y Chile casi siempre hay vino en la mesa y cuando los chicos son aún muy jóvenes les sirven un poco de vino en su copa o toman una combinación de vino con mucha agua mineral o soda.

En España el vino es el ingrediente básico de una bebida muy popular en las fiestas—la sangría. Si a Uds. les gustaría probar° algo nuevo, o si les gustaría dar un sabor° hispánico   *to try / flavor*
a su próxima fiesta, aquí tienen una receta° para prepararla.   *recipe*

SANGRIA

2 botellas de vino tinto° español, argentino o chileno   *red*

1 botella de agua mineral o soda

½ taza° de azúcar°   *cup / sugar*

la cáscara° de dos limones   *peel*

Mezcle° todo muy bien y sírvala fría. Algunos dicen que la   *Mix*
sangría es mejor con frutas y agregan° fresas,° o melocotones°   *add / strawberries / peaches*
o rodajas° de naranja. A otros les gusta agregar un poquito de   *slices*
coñac. ¡Todo depende del gusto!°   *taste*

Una bebida muy popular en los países tropicales como Cuba, Puerto Rico, Venezuela, Colombia y la República Dominicana es el batido° de frutas. En esos países hay exquisitas frutas   *whipped, chilled drink*
tropicales que casi no se conocen en los Estados Unidos, como el mango, la papaya y la guayaba, y muchas veces se hace el batido con ésas. Pero el batido es igualmente delicioso cuando se hace con la banana, la fresa, el melocotón o la piña.° ¿Le   *pineapple*
gustaría probarlo? ¡Es muy fácil hacerlo! Aquí hay una receta.

BATIDO DE FRUTAS

Ponga en la licuadora° los siguientes ingredientes: *blender*

1 taza de leche fría

1 taza de fruta cortada°   *cut*

½ taza de hielo°   *ice*

azúcar al gusto°   *to taste*

limón al gusto

Bátalo° bien y sírvalo inmediatamente.   *Blend it*

¡Delicioso y refrescante!

PRODUCT OF SPAIN

Campo Viejo
BRAND
WHITE RIOJA WINE
Extra
24 Fl. Oz   Alcohol 12% by Vol

PRODUCED BOTTLED AND SHIPPED BY BODEGAS CAMPO VIEJO, S.A
LOGROÑO (RIOJA) ESPAÑA

Sole Distributors for the U.S.A.
WILLIAM GRANT & SONS, Inc.
NEW YORK, N.Y.

ACTIVIDAD: Preguntas personales

1. ¿Cuál es la bebida que Ud. y sus amigos generalmente toman en una fiesta?
2. ¿Qué bebida generalmente toma Ud. con la comida?
3. ¿Hay una bebida que se identifica con una fiesta en particular? ¿Cuál es?
4. ¿Cuál de las dos recetas le gustaría probar? ¿Por qué?
5. Cuando Ud. levanta su copa para brindar, ¿qué dice en español?

Debate

En los Estados Unidos cada estado tiene una ley que determina la edad mínima para consumir legalmente bebidas alcohólicas. ¿Cuál es la edad mínima en su estado? ¿Está Ud. a favor de o en contra de esa ley? Divida la clase en dos partes para expresar sus opiniones en un debate.

La pantalla grande
y la pantalla chica

5

· ·

PRIMERA PARTE **¡Vamos al cine!**

SEGUNDA PARTE **¿Qué pasa?**

Frente al televisor: Columbo

PRIMERA PARTE

¡Vamos al cine!

Cuando Ud. va al cine, ¿qué clase de película le gusta ver?
Hicimos la misma pregunta a algunas personas que caminaban
por la Avenida Corrientes de Buenos Aires, una ciudad de
muchísimos cines donde se presentan películas de todas clases
de todo el mundo. Ellos nos contestaron así:

Un estudiante

Bueno, eso depende de mi humor° del momento   *mood*
y de lo que se presenta en el cine. Mis gustos
son muy variados. Por ejemplo, me gusta el humor de Woody Allen, pero también me fascinan
las películas del director sueco° Ingmar Berg-   *Swedish*
mann. Últimamente se presentan aquí muchas
películas de ésas que se llaman películas de
catástrofe, ¡y me parecen catastróficas!

Un ama de casa

Cuando salgo con mi marido por la noche me
gusta ver un drama inteligente, de esa clase que
no se ve en la televisión. Y a veces las comedias
musicales son muy divertidas, ¿no le parece?°   *don't you think?*
Claro, si llevo a los chicos al cine un sábado por
la tarde, busco una película apropiada para ellos,
y le digo francamente que hoy en día° es difícil   *nowadays*
encontrar una.

Una psicóloga

¿Yo? ¡Prefiero puro escapismo! Mire. . . paso
todo el día en mi consultorio escuchando toda
clase de problemas. Cuando voy al cine es para
olvidarme de los problemas y para descansar un
rato. Yo encuentro que las películas de contraespionaje son una diversión excelente porque
están totalmente fuera de° la realidad.   *outside of*

Un comerciante

No le puedo decir porque no voy al cine. ¿Para qué ir al cine si puedo quitarme los zapatos, sentarme en el sofá y mirar la televisión bien° cómodo dentro de° mi propia casa? ¡Además, es gratis!° Y cuando mi esposa y yo salimos con unos amigos, queremos conversar con ellos, no mirar una película.

nicely

within / free

Un director de publicidad

¡Cualquier° película buena! Me fascina el arte del cine—la fotografía, la luz, el color y especialmente la dirección. He visto por lo menos dos veces cada película dirigida por Luis Buñuel y Jean Renoir. Creo que las posibilidades artísticas del cine son ilimitadas.°

Any

unlimited

Una maestra

Yo trato de ver todas las películas inglesas o norteamericanas porque quiero perfeccionar mi inglés, por tanto° no me importa que clase de película es. Pero ahora tendría miedo de hacer un viaje a los Estados Unidos porque de lo que he visto en las películas, ¡hay mucha violencia allí!

therefore

La selección de una película

¿Qué clases de películas le gustan a Ud.?

¿Le gusta el suspenso?
    películas de misterio
    películas de terror

¿No le molesta la violencia?
    películas de detective o **policíacas** [*police*]
    películas de contraespionaje
    películas del oeste [*Westerns*]
    películas de guerra [*war*]

¿Quiere ver mucha acción?
    películas de aventura
    películas de catástrofe

¿Prefiere **morirse de risa?** [*to die laughing*]
    comedias

¿Le gustan la música, bailes y canciones?
    comedias musicales

¿Es Ud. aficionado a lo fantástico?
    películas de ciencia ficción

¿Prefiere Ud. las películas emotivas?
    dramas
    películas románticas

¿Le gusta la nostalgia?
    películas viejas

87

ACTIVIDAD: Sus recomendaciones

A continuación encontrará a un grupo de personas y algunas indicaciones de sus gustos. ¿Qué clase de película les gustaría ver?

1. La tía Rosa tiene 53 años y siempre lleva tres pañuelos [*handkerchiefs*] al cine. Ha visto «Lo que el viento se llevó» [*Gone with the Wind*] cinco veces y llora cada vez que la ve.
2. Roberto Díaz tiene 10 años y le fascinan los robots, los cuentos [*stories*] de otros planetas y las naves espaciales [*space ships*].
3. El señor Moreno es empleado del gobierno y tiene un trabajo muy sedentario y rutinario. Pero cuando va al cine, le gusta el escapismo.
4. La profesora Garza enseña historia en la universidad y prefiere ver películas que tratan de [*deal with*] su interés principal—la historia.
5. El señor Hidalgo tiene 72 años y está jubilado [*is retired*]. Entonces, va mucho al cine para pasar el tiempo. Le gusta ver otra vez las películas que le acuerdan sus años de juventud.
6. Elena Alsogaray tiene 14 años y toma clases de baile, de canto y de dicción. Ella sueña con [*dreams of*] tener una carrera en el teatro o el cine.
7. Alberto Méndez y su novia, Juanita Nevares, son estudiantes en la Facultad de Arquitectura. Hoy tienen su último examen del semestre, y después piensan ir al cine por la noche.

VOCABULARIO

En el cine

¿Dónde se compran **las entradas** [*tickets*] para el cine?
  En **la taquilla** [*box office*].

¿Quiénes actúan en una película?

el actor	**la actriz**
el bailarín	**la bailarina**
el cómico	**la cómica**
el (la) cantante	

¿Qué le gusta a Ud. hacer en el cine?
  ¿Comer **rosetas de maíz** [*popcorn*]? **¿Golosinas** [*candy*]?
  ¿Morirse de risa?
  ¿Llorar [*to cry*]?
  ¿Pensar?
  ¿Sentirse alegre [*to feel happy*]?
  ¿Dormir?

ACTIVIDAD: ¿Ha visto Ud. alguna película buena últimamente?

1. ¿Con qué frecuencia va Ud. al cine?
2. ¿Cuánto cuesta el cine donde vive Ud.?
3. ¿Cuál es la última película que Ud. ha visto?
4. ¿Por qué fue Ud. a ver esa película?
5. ¿Cómo clasificaría Ud. a esa película? ¿Era romántica, una película de contraespionaje u otra?
6. ¿Qué opina Ud. de esa película?
7. ¿Cuál es la mejor película que Ud. ha visto este año?
8. ¿Qué película no recomendaría Ud. a sus amigos?

Y tú, ¿qué dices?

¡Ahora Uds. son los críticos! Y como críticos importantes, Uds. (en grupos de 4 o 5 personas) van a hacer una clasificación crítica de las películas que han visto últimamente. Cada persona del grupo tiene que explicar por qué ha elegido la película que nombra. Las clasificaciones son las siguientes:

★★★★★ obra maestra [*masterpiece*]

★★★★ muy buena

★★★ interesante

★★ regular

★ mala

Escúchenme

Una persona de cada grupo presenta a la clase los resultados de su grupo. Si hay diferencias de opinión, explíqueles su punto de vista.

SEGUNDA PARTE

VOCABULARIO

¡Quedémonos en casa!

¿Qué hay en la televisión esta noche?

Se puede **prender** [*to turn on*] **el televisor** [*television set*] para ver. Si no nos gusta lo que hay, podemos **apagar** [*to turn off*] **el televisor.**

¿Qué quiere Ud., **el (la) televidente** [*viewer*], **mirar?**

¿**Un reportaje** especial?

¿**El noticiario** [*news report*] en que su comentarista preferido(a) presenta **las noticias** [*news*] del mundo?

¿Apaga Ud. el televisor cuando el (la) locutor(a) comienza **los anuncios** [*commercials*]?

¿Compra Ud. los productos del **patrocinador** [*sponsor*] que **patrocina** el programa?

Mire algunas páginas de la *Tele-Guía* antes de decidir lo que Ud. quiere mirar esta noche.

En el canal 2 a las 6:00 hay **una telenovela** [*soap opera*].

En el canal 5 a las 6:00 hay **dibujos animados** [*cartoons*]. Seguramente es **un programa infantil** [*children's program*].

A las 6:30 en el canal 4 hay **un documental.**

A las 7:30 en el canal 4 hay un programa musical.

También a las 7:30 hay el noticiario en el canal 5.

A las 8:05 en el canal 2 hay **un concurso** [*contest, game show*] en que los participantes van a competir por varios **premios** [*prizes*].

En el canal 5 a las 10:00 hay un **programa deportivo.**

Y, si Ud. todavía está despierto a las 12:00 (**medianoche**), hay un **programa de variedades** [*variety show*].

O, si Ud. prefiere mirar una película en la televisión en vez de ir al cine, hay selecciones **de todas clases** [*kinds*].

6.00 ❷ HUMILLADOS Y OFENDIDOS. **Telenovela.** Adaptación de Carmen Daniels.

Capítulo 41.—Víctor opina que el caso de don Nicolás es muy difícil, pero lo aceptó por cariño a Jorge y así se lo dice a Alicia. Pallares informa a Correa de la demanda contra don Nicolás, quien lo acusará a él y se ofrece a enterarlo de todo, servilmente. Inés no deja que Jorge le explique su conducta y él dice a don Nicolás que Víctor defenderá su caso. Inés confiesa a Rosita que quiere a Jorge como amigo, pero no con amor como a Alejandro.

Juan Peláez	Jorge
Silvia Pasquel	Inés
Rafael Banquells	Don Nicolás
Pituka de Foronda	Doña Ana
Gregorio Casals	Víctor Pineda
Guillermo Murray	Pedro Correa
Sonia Furió	Teresa
July Furlong	Alicia
María Medina	Isabel
Arturo Benavides	Lic. Pallares
Javier Ruán	Antonio Gámez
Leonardo Daniel	Alejandro Correa

❹ TROPISALSA '78. Musical. Juan Calderón y Kippy Casado.

❺ CHICOS DEL ESPACIO. Dibujos animados. El Robot Supersónico.

❽ LOS INVASORES. Ciencia ficción. El Inocente. Los invasores atrapan a Vincent y le prometen llevarlo a Utopía para que conozca la razón de que ellos estén en este planeta.

⓫ OPUS MUSICAL. Arpista.

⓭ A MEDIA TARDE. Noticiario.

6.30 ❷ ACOMPAÑAME. Telenovela.

Capítulo 114.—A pesar de que no quiere dejarse reconocer por el médico, éste examina a Esperanza y dice que tiene un shock nervioso. Alberto lleva flores a Gutia y a Yolanda. Esta se emociona, pues es la primera vez que alguien le regala flores. Gutia confiesa a Alberto que lo amaba y los versos que una vez le leyó eran dedicados a él y ahora lo sigue queriendo en otra forma, como se quiere a un hermano.

Niño Sergio Peña	Claudio
Silvia Mariscal	Adriana
Lilí Inclán	Flavia
Kitty de Hoyos	Raquel
Zully Keith	Mercedes
Marta Zavaleta	Yolanda
Magda Guzmán	Esperanza
Silvia Derbez	Amanda
Octavio Galindo	Alberto
Simón Guevara	Gonzalo
Marta Aura	La Gutia
Chato Padilla	Efrén
María Rojo	Marta
Tony Carvajal	Dr. Beltrán
Laura Zapata	Karla
Carlos Monden	Octavio
Luis Torner	Eduardo
Guillermo Gil	Jesús

❹ ARTISTAS MUSEOS Y GALERIAS. Documental.

❺ VIAJE FANTASTICO. Dibujos animados. El Cuarto de los Juguetes.

⓫ MIGUEL ANGEL. Representaciones. Capítulo: Tiempo de Soledad.

⓭ EL TERCER TESTAMENTO. **Soren Kierkegaard.** Filósofo y teólogo danés, precursor de las doctrinas existencialistas modernas y autor del tratado: "Concepto de la Angustia".

7.00 ❷ MARCHA NUPCIAL. Telenovela.

Capítulo 80.—Sergio se esfuerza en vano por convencer a Ma. Lola de que se vaya con él. Después Luisa le asegura que Ma. Lola lo

ACTIVIDAD: ¿Qué mira Ud. en la televisión?

1. ¿Qué clase de programa mira Ud. todos los días?
2. ¿Qué clase de programa mira Ud. una vez por semana?
3. ¿Qué clase de programa le gustaba cuando Ud. era niño(a)?
4. ¿Qué clase de programa le gusta a Ud. como pasatiempo?
5. ¿Cuál es su programa preferido? ¿Por qué?
6. ¿Le gustaría ser participante [contestant] en un programa de televisión? ¿Por qué sí o por qué no?
7. ¿Cuál comentarista de noticias prefiere Ud.?
8. ¿Cuál anuncio le parece cómico? ¿Cuál anuncio le parece ofensivo?
9. ¿Qué hace Ud. cuando su televisor no funciona?

ACTIVIDAD: Una encuesta [survey] de los televidentes

Los patrocinadores de los programas de televisión siempre quieren saber lo que piensa el público de los programas que patrocinan. Dé el nombre de un programa para cada categoría.

1. ¡Excelente! ____
2. ¡Muy bueno! ____
3. ¡Bueno! ____
4. ¡Hay que suspenderlo! ____

Compare sus opiniones con los otros miembros de la clase.

1. ¿Qué programa es excelente según la mayor parte de la clase?
2. ¿Qué programa es muy bueno? ¿Qué programa es bueno?
3. ¿Cuál es el programa que hay que suspender?

Prueba: *¿Es Ud. adicto(a) a la televisión? ¿Sufre Ud. de televisión-itis? Vamos a ver. . .*

	Sí	No	A veces
1. ¿Mira Ud. la televisión más de una hora al día?	☐	☐	☐
2. Al levantarse por la mañana, ¿prende Ud. el televisor en seguida?	☐	☐	☐
3. Si alguien habla mientras [*while*] Ud. está mirando la televisión, ¿le dice «Shhh»?	☐	☐	☐
4. Si alguien lo llama por teléfono mientras Ud. está mirando un programa, ¿le dice que no puede hablar en ese momento?	☐	☐	☐
5. ¿Mira Ud. la televisión mientras hay visitantes en su casa?	☐	☐	☐
6. ¿Le molesta perder [*to miss*] un programa porque tiene que hacer otra cosa?	☐	☐	☐
7. ¿Mira Ud. la televisión mientras estudia?	☐	☐	☐
8. ¿Mira Ud. la televisión mientras come?	☐	☐	☐
9. ¿Se duerme [*fall asleep*] Ud. sin apagar la televisión?	☐	☐	☐
10. Cuando Ud. entra a su casa, ¿prende el televisor automáticamente?	☐	☐	☐

INTERPRETACIÓN:

Si Ud. ha contestado Sí. . .

. . .de 0 a 1 vez, Ud. está bien de salud. No sufre de televisión-itis.

. . .de 2 a 4 veces, Ud. tiene que cuidarse porque va a sufrir de televisión-itis si se acerca mucho más al televisor.

. . .5 veces o más, Ud. es un adicto con un caso espantoso [*dreadful*] de televisión-itis. ¡Hay que curarse! ¡Apague el televisor en seguida!

ACTIVIDAD: La mesa redonda

Como se ve en la Tele-guía de los países hispanos o de los Estados Unidos, la violencia aparece frecuentemente en los programas de televisión. Formen Uds. una mesa redonda con cinco participantes para discutir el siguiente problema: Los efectos de la violencia de los programas de televisión en los televidentes.

Vender camisetas es una cosa...
...vender violencia es otra

¿Por qué anunciar camisetas
utilizando para ello niños armados hasta los dientes?

¿Por qué explotar el éxito de una película
en lugar de las cualidades del producto?

La publicidad debe de informar, no deformar.

8:00   Canal 5   ¿QUÉ PASA?   (Programa periodístico)

LOCUTOR: Muy buenos días televidentes, y bienvenidos a ¿QUÉ PASA?, el programa que todos los días les trae las últimas noticias, el reportaje meteorológico, los últimos resultados° deportivos, y entrevistas con la gente que sabe lo que pasa. Yo soy Guillermo García, y sin decir más, me gustaría presentarles al doctor Enrique Sánchez, profesor de psicología infantil de la Universidad Nacional y padre de dos hijos, y a la doctora Adelina Balboa, pediatra y madre de tres hijos. Doctora Balboa, doctor Sánchez, creo que nuestros televidentes tienen mucho interés en saber lo que opinan Uds. sobre los efectos de la televisión en la vida familiar.

scores

DOCTOR: Bueno, Guillermo, la televisión afecta la vida familiar tanto como° la familia permita que la afecte. Todo depende de como la familia la utilice.

as much as

DOCTORA: Estoy de acuerdo con el doctor Sánchez. Si la familia utiliza la televisión con juicio,° puede ser una contribución positiva a la vida familiar.

wisely

LOCUTOR: ¿Cuáles son algunos de los efectos positivos que puede tener?

DOCTORA: En la enseñanza del lenguaje a los niños, la televisión contribuye mucho. Por ejemplo, hay investigaciones que muestran que los niños de la época de televisión empiezan a hablar a una edad más temprana.°

earlier

DOCTOR: También es un pasatiempo° que toda la familia puede disfrutar° junta. Cuando toda la familia mira la televisión, los padres pueden explicarles a sus hijos lo que no es claro o lo que les confunde. Un programa bueno puede introducir ideas nuevas que sirven de temas de conversación.

pastime
enjoy

DOCTORA: Cuando se usa así es una ayuda al desarrollo° intelectual de los niños y es una actividad que la familia comparte.° Desafortunadamente, hay padres que utilizan la televisión para distraer a los niños, para cuidar de ellos, y que no prestan mucha atención al tipo de programa que los niños miran.

development

shares

DOCTOR: ¡Efectivamente! Y me sorprendió saber cuántos chicos y chicas miran la televisión mientras hacen

CONVERSANDO

TEMAS DE INTERES MUNDIAL
CON LUCIA SANTA CRUZ,
FRANCISCO BULNES Y JESUS GINES
Miércoles 22 hrs.

CORPORACION DE TELEVISION
DE LA UNIVERSIDAD DE CHILE

LARREA

la tarea. Encuentro que el progreso escolar de ellos es mucho más lento que el de los estudiantes que no tratan de dividir la atención entre la televisión y la tarea. Tenemos que tener en cuenta° que la televisión es muy absorbente y que es imposible estudiar bien y mirar un programa a la vez.°

bear in mind

at the same time

DOCTORA: Me gustaría presentar un punto más, el del efecto de la televisión en la imaginación.

DOCTOR: En mi opinión la televisión no deja nada a la imaginación.

DOCTORA: ¡Exactamente! ¡La aplasta!°

crushes

DOCTOR: Y también da una perspectiva deformada de la realidad. Como tiene que plantear° un problema y solucionarlo dentro de media hora o 60 minutos, las soluciones que nos presenta son siempre muy simplistas.

state

DOCTORA: ¡Y la vida no es así!

LOCUTOR: Una pregunta, doctores. ¿Les permiten a sus hijos mirar la televisión?

DOCTOR:	Ciertos programas, sí.
DOCTORA:	Con discreción.
LOCUTOR:	¿Están mirando ¿QUÉ PASA? esta mañana?
DOCTOR:	¡Por supuesto!
DOCTORA:	¡Ellos y todos sus amigos!
LOCUTOR:	Gracias, doctor Sánchez. Muchas gracias, doctora Balboa. Uds. nos han dado unas ideas interesantes y prácticas hoy, y les agradezco° su visita a este programa. Y ahora, un mensaje° de nuestro patrocinador.
CONJUNTO:	¡Cerveza Excelente para la gente inteligente!

thank

message

ACTIVIDAD: Comprensión de lectura

¿Son ciertas o falsas las siguientes oraciones? Si son falsas, corríjanlas.

1. El programa ¿QUÉ PASA? se presenta una vez por semana.
2. Es un programa periodístico que presenta las noticias, las noticias meteorológicas, las noticias deportivas y entrevistas.
3. El doctor Sánchez es pediatra.
4. Los doctores hablan de los efectos de la televisión en la vida familiar.
5. Los doctores creen que la televisión tiene efectos positivos y negativos en la vida familiar.
6. Ambos doctores creen que la familia puede controlar los efectos de la televisión.
7. Los chicos que miran la televisión hablan más tarde que los que no miran televisión.
8. La televisión es más útil cuando toda la familia la mira junta.
9. La televisión también es buena para cuidar de los niños.
10. Los chicos que miran la televisión mientras hacen la tarea muestran más progreso escolar.
11. La televisión estimula la imaginación.
12. Los doctores no permiten que sus hijos miren la televisión.

7.00 ② HOY MISMO. Noticiario con Guillermo Ochoa, Lourdes Guerrero, Juan Dosal, Evelyn Lapuente, Rafael Almazán y Octavio Herrera. Producción: Salvador Ortiz. Jefe de información: Ernesto Villanueva.
8.00 ④ TELESECUNDARIA.
⑤ CATEDRAS UNIVERSITARIAS. 8.00 8.30 y 9.00: Odontología; 9.30: Química: 10.00: Italiano; 10.30: Historia del Pensamiento Antiguo; 11.00 y 11.30: Sicología; 12.00: Anatomía; 12.30: Inglés; 1.00 y 1.30: Medicina.
⑪ CATEDRA UNIVERSITARIA. De 8.00 a 14.00 horas.
11.00 ② LA MUJER... AHORA. Temas de interés general. Moda, belleza y consejos para el hogar.
1.00 ② QUIMICA. Documental.
1.30 ② HIGIENE. Documental.
2.00 ② LITERATURA. Charlas.

ACTIVIDAD: La palabra escrita

Como se nota en este programa, la televisión no es sólo un pasatiempo, sino también puede servir de medio [*medium*] educativo. Escriba un párrafo de aproximadamente 100 palabras dando sus ideas sobre las posibilidades educativas de la televisión.

VOCABULARIO

El crimen

El vocabulario del crimen contiene muchos cognados. Seguramente Ud. ya conoce todas estas palabras.

El criminal comete el crimen. A veces lleva **una pistola. El detective** busca al **criminal.**
La policía (el grupo) o **el policía** (el individuo) lo **arresta. La víctima** lo **identifica.**

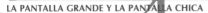
Frente al televisor: *Columbo*

Lo cierto es que la televisión no tiene mucho que ver° con la cinematografía. La década de los '70 fue un período de mono-producción: *Las calles de San Francisco, Kojak* y *Columbo;* luego la demanda obligó a reemplazar al héroe por heroínas: *La mujer biónica, La mujer maravilla* y *Los ángeles de Charlie.* Héroes o heroínas, poco importa, lo cierto es que la nueva tendencia es enfocar° los problemas de la sociedad, pre-sentándolos como problemas personales, subjetivos, del protagonista.°

    Esto es grave, porque ya nadie puede negar° el papel clave° de la televisión, cuando las antenas semejan° bosques° en los techos de todas las ciudades grandes y pequeñas. Entonces, no es raro° que una serie como *Columbo* tenga tanto «rating», porque si bien la TV sigue siendo la «caja boba°», el público desea otra cosa.

    La violencia gratuita a que nos someten° ciertos programas resulta repugnante. Por eso° los crímenes resueltos° por el detective Columbo ofrecen la satisfacción de un buen partido de ajedrez,° un desafío° al intelecto: competir con Columbo para ver si podemos ganarle° o al menos empatar° su brillante análisis deductivo.

has nothing to do

focus on

main character
deny / key role
resemble / forests

strange
idiot box

subject
That is why / solved

chess match / challenge
outsmart him / to tie (draw)

Columbo es un popular detective que salió al aire por primera vez en 1971, y desde entonces se mantiene en los primeros puestos° del «rating». Sus capítulos no dejan hilos sueltos,° todo se va anudando,° por tanto produce gran sensación de sosiego° y calma en el espectador, ya que en la vida real, nada es tan perfecto.

Habitualmente, la serie comienza con un crimen, en el cual el asesino no dejó huella° alguna, sólo varias pistas falsas° para desorientar al detective Columbo, quien hace su aparición: impermeable y carro viejo, antihéroe y paladín° de la no violencia. No da puñetazos° ni dispara tiros,° sino que, gracias a su astucia, va cercando° al criminal.

Esta serie, además, ayuda a destruir un concepto peyorativo: «al televidente se le puede dar cualquier cosa, porque aún no sabe apreciar lo bueno. . .», frasecita que desgraciadamente° suscriben algunos productores y administradores de la TV mundial.°

ranks

loose ends / gets tied up

relaxation

trace / false leads

champion

punches / shoots

closing in on

unfortunately

worldwide

ACTIVIDAD: ¿Qué dice el autor del artículo?

Lea las frases citadas del artículo e indique la respuesta que mejor explique el significado de la frase.

1. «Héroes o heroínas, poco importa, lo cierto es que la nueva tendencia es enfocar los problemas de la sociedad, presentándolos como problemas personales, subjetivos, del protagonista.»

    a. La nueva tendencia es reemplazar a los héroes por heroínas.
    b. La nueva tendencia es presentar los problemas personales.
    c. La nueva tendencia es presentar los problemas de la sociedad como problemas personales.

2. «Esto es grave, porque ya nadie puede negar el papel clave de la televisión, cuando las antenas semejan bosques;. . .»

    a. La televisión no tiene mucha importancia.
    b. La televisión tiene mucho impacto en el mundo.
    c. Todo el mundo tiene televisor.

3. «Por eso los crímenes resueltos por el detective Columbo proporcionan la satisfacción de un buen partido de ajedrez, un desafío al intelecto:. . .»

    a. El autor cree que Columbo es un programa infantil.
    b. El autor cree que Columbo es un programa inteligente.
    c. El autor cree que Columbo es un programa de violencia.

4. «Sus capítulos no dejan hilos sueltos, todo se va anudando; por tanto producen gran sensación de sosiego y calma en el espectador, ya que en la vida real nada es tan perfecto.»

    a. Los capítulos de Columbo son idénticos a la vida real.

    b. Los capítulos de Columbo no tienen nada que ver con la vida real.

    c. Los capítulos de Columbo terminan con hilos sueltos.

5. «No da puñetazos ni dispara tiros, sino que, gracias a su astucia, va cercando al criminal.»

    a. Columbo nunca resuelve el crimen.

    b. Columbo resuelve el crimen con el intelecto en vez de con violencia.

    c. Columbo resuelve el crimen con violencia.

6. «al televidente se le puede dar cualquier cosa, porque aún no sabe apreciar lo bueno. . .»

    a. Indica mucho respeto al televidente.

    b. Indica que se puede vender muchas cosas por televisión.

    c. Indica poco respeto al televidente.

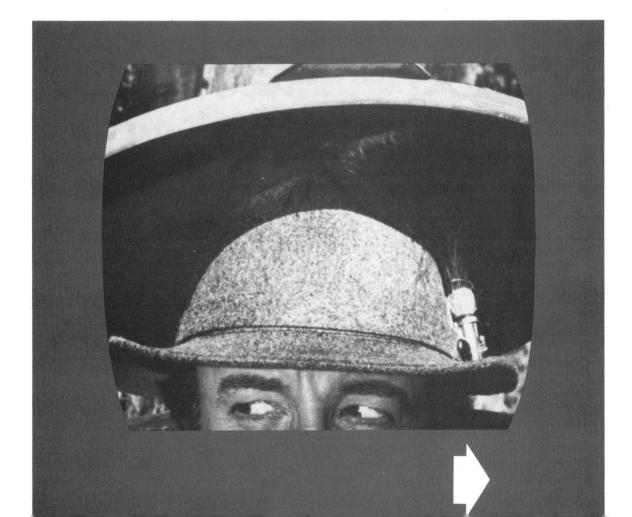

ACTIVIDAD: La palabra escrita

¿Qué quiere el público de la televisión? Discuta esta pregunta con un grupo de cuatro o cinco compañeros de clase y, entre todos, escriban su propia guía de televisión. Incluyan los siguientes puntos:

El día: ¿Por qué escogió Ud. ese día?
La hora: ¿Por qué es importante presentar el programa a esa hora?
El programa: ¿Cómo se llama? ¿Quién actúa en este programa? Describa el programa en dos líneas.
El público: ¿Quién será el público de este programa?
La clasificación: ¿Qué clase de programa es?

Cada grupo debe tener una lista de por lo menos cinco programas.

La nostalgia: ¿El último grito de la moda o pasado de moda?

6

PRIMERA PARTE · **Ciclos**

De otras épocas

¿Hasta dónde llegarán las faldas?

¿Por qué lleva Ud. corbatín?

Canción de la polilla

SEGUNDA PARTE · **Estos modelos también cambian cada año**

Padre preso por prestar el auto

La soberbia

La prohibición de aparcar en el centro de Madrid

Ciclos

¡Ay, lo que es la nostalgia! Otra vez los bailes y la música de los '50 están de moda, la ropa vieja que se encuentra en el altillo° parece el último grito de la moda o se ve en todas las tiendas y el coche viejo que se está oxidando° en el garaje no es un cachivache,° sino una antigüedad.°

attic
rusting
junk / antique

Parece que hay un ciclo que regresa cada veinte o treinta años. ¿A qué debemos este retorno al pasado? ¿Es, como sugieren algunos historiadores,° un deseo de regresar a una época° menos complicada o menos peligrosa? ¿O es, como dicen algunos sociólogos, una reflexión cíclica de los sentimientos del momento? ¿O tienen razón los que se preocupan por el ambiente que dicen que ciertos productos del pasado eran más prácticos que los productos de nuestra época?

historians / age

De todos modos, mientras entramos en una época tecnológica muy avanzada, miramos con anhelo° y nostalgia al pasado. Vamos a examinar algunas de las manifestaciones de este sentimiento.

longing

los '20

los '30

los '60

los '50

VOCABULARIO

Hay para todos los gustos°   *There is something for every taste*

¿Está Ud. en la onda con respecto a la moda?

¿Le gusta **vestirse** [*to wear*] **ropa** que **está de moda** [*is stylish*]?

¿O no le importa **llevar** [*to wear*] ropa que **está pasada de moda** [*out-of-date*]?

Si el color violeta es **el último grito de la moda** [*the latest word in fashion*], pero **le queda** [*suits or fits*] muy mal, ¿lo lleva para estar de moda o lleva Ud. un color que le queda bien?

¿Qué colores le quedan bien? ¿Los colores **claros** [*light*] o los colores **oscuros** [*dark*]?

> ¿rojo o rosa?
> ¿verde o azul?
> ¿blanco o negro?
> ¿amarillo o naranja?
> ¿**gris** [*gray*] o violeta?
> ¿**beige** o **marrón** [*brown*]?

¿Prefiere Ud. llevar zapatos, **botas** [*boots*], sandalias o **zapatos de tenis** [*sneakers*]? ¿Está Ud. más cómoda con **tacón alto** [*high heels*] o con **tacón bajo?** ¿Tiene Ud. muchas blusas o camisas? ¿**Se pone Ud.** [*Do you put on*] un suéter o un poncho cuando hace frío? ¿**Qué está de moda** donde Ud. vive, los pantalones, los jeans o las faldas? ¿Los lleva con **cinturón** [*belt*]? ¿Le gusta tener muchos **bolsillos** [*pockets*]? ¿Qué es el último grito de la moda ahora, la falda **larga** [*long*] o la falda **corta** [*short*]?

¿Qué lleva Ud. cuando va a la playa, **un traje de baño** [*bathing suit*] o **un bikini?** ¿Lleva Ud. **calcetines** [*socks*] o **medias** [*stockings*] en la playa? ¿Le gusta llevar un sombrero o **un pañuelo** [*scarf*] en la cabeza?

¿Duerme Ud. en **piyama,** en **camisón** [*nightgown*] o en su **ropa interior** [*underwear*]?

Cuando Ud. va a una fiesta, ¿lleva un vestido o un traje de tres piezas—pantalones, chaqueta y **chaleco** [*vest*]? ¿Y una corbata también? ¿Es necesario llevar un abrigo o **un impermeable** [*raincoat*] donde Ud. vive?

¿Prefiere Ud. **las telas** [*fabrics*] sintéticas como el nylon, el rayón o el poliéster? ¿O prefiere Ud. las telas naturales como **la lana** [*wool*], **la seda** [*silk*] o **el algodón** [*cotton*]? ¿O le gustan la ropa y los zapatos de **cuero** [*leather*]?

¿Cómo usa Ud. el pelo, largo o corto?

¡Acuérdense! ¡Hay para todos los gustos!

ACTIVIDAD DE VOCABULARIO: Cada uno a su gusto

1. ¿Le gusta vestirse a la ultima moda o no le importa llevar ropa que está pasada de moda?
2. ¿Prefiere Ud. comprar ropa clásica? ¿Qué ropa es clásica?
3. ¿Lee Ud. las revistas de modas o los artículos sobre la moda del periódico? ¿Por qué?
4. ¿En qué situaciones es importante vestirse bien? ¿En qué situaciones no importa lo que Ud. lleva?
5. ¿Cree Ud. que se puede juzgar [to judge] a una persona por la ropa que lleva? Dé un ejemplo.

ACTIVIDAD: El color y su humor

Se dice que los colores pueden influir en el humor de las personas. ¿Hay algún color que se asocia con el buen humor o con el mal humor o con la alegría o la tristeza? Forme un grupo de cuatro personas y pregúnteles su reacción inmediata a los siguientes colores:

el amarillo	el gris	el blanco	el rojo
el rosa	el verde	el negro	el marrón
el azul	el beige	el violeta	el naranja

el morado (purple)

claro o oscuro
fuerte = bright (for colors)

Y tú, ¿qué dices?

Para dar una idea de sus preferencias personales, combine las palabras de Selecciones A y de Selecciones B y cuéntelas a un grupo de cuatro personas. También puede indicar sus colores preferidos.

Selecciones A		Selecciones B	
las botas	un vestido	largo	de rayón
una blusa	un bikini	con taco alto	elegante
un cinturón	los pantalones	con bolsillos	de nylon
un traje	los zapatos	corto	lindo(a)
un abrigo	las sandalias	de seda	beige
una falda	una chaqueta	con taco bajo	de lana
los jeans	un camisón	de algodón	violeta
un chaleco	el pelo	gris	sofisticado(a)
un impermeable	un sombrero	sin bolsillos	rosa
un traje de baño	una camisa	de poliéster	nuevo(a)
un suéter	la ropa interior	de cuero	viejo(a)
los zapatos de tenis	el piyama	marrón	
	la corbata		

Recorte *De otras épocas*

¿Le gusta mirar las películas de otras épocas como las de los '30, los '40 o los '50? ¿Es Ud. aficionado a los actores y las actrices como Clark Gable, Humphrey Bogart, Ginger Rogers, Fred Astaire, Ronald Reagan, Gloria Swanson o Barbara Stanwyk? ¿Le fascina ver la ropa y los peinados° que llevaban en esos días? ¿Prefiere Ud. mirar esas estrellas° del pasado en la televisión o va Ud. al cine para verlas?

hair styles
stars

En las grandes ciudades norteamericanas y en las principales capitales de Europa Occidental ahora son muy populares las películas de los '20, los '30 y los '40. Pero en Latinoamérica se encuentra que el público no tiene interés en ver las películas de otras épocas porque no le gustan «las películas viejas y sin colores». Mientras que en los Estados Unidos y en algunos países europeos Humphrey Bogart todavía tiene casi tanto éxito como James Bond, en los países hispanos hay pocos que quieren ver al famoso Bogart. La mayoría° del público prefiere las aventuras y la sofisticación electrónica del Agente 007.

majority

Eso no quiere decir que los hispanos no tienen nostalgia por las épocas° pasadas. Es simplemente que prefieren objetos de nostalgia más cercanos,° como la película *Vaselina,* en la cual la nostalgia de los '50 se combinaba con John Travolta.

times
closer

ACTIVIDAD:　Comprensión de lectura

Indique si los siguientes comentarios son ciertos o falsos.

1. Humphrey Bogart y Ronald Reagan eran actores de cine.
2. Las películas de los '30 ahora son muy populares en Europa.
3. Las películas viejas también son muy populares en Latinoamérica.
4. El público hispano quiere ver más películas sin colores.
5. Humphrey Bogart es tan popular como James Bond en Latinoamérica.
6. La película *Vaselina* tuvo éxito en Latinoamérica.

ACTIVIDAD:　Preguntas sobre su gusto

1. ¿Le gusta mirar las películas viejas?
2. De los actores y actrices mencionados en el recorte, ¿cuál es su preferido? ¿Por qué? ¿Qué tipo de papel [*role*] desempeñaba [*played*] generalmente?
3. ¿Le gusta la ropa o los peinados de los '30, los '40 o los '50? ¿Los lleva Ud.?
4. Si a Ud. le gusta mirar las películas viejas, ¿dónde las mira, en la televisión o en el cine?
5. ¿Cree Ud. que las películas viejas influyen la moda? ¿En qué se nota esta influencia?

¿Hasta dónde llegarán las faldas?

Dicen muchos expertos en la moda que la minifalda volverá, porque en las etapas° de expansión económica, el optimismo se expresa en las faldas cortas. Por otro lado,° los sociólogos afirman que en las épocas de crisis económica las faldas se alargan° como una expresión de pesimismo. La moda, como todos saben, a veces está sólo remotamente relacionada con la realidad. La moda no es más que un movimiento continuo, una recreación eterna, en que la ropa de otro tiempo, con ciertos cambios o variantes, vuelve a ser una novedad.°

Los diseñadores° y los fabricantes° de ropa necesitan vender cada vez más para continuar esa cadena° que convierte lo nuevo en lo antiguo y lo viejo en gran creación de la actualidad.° Así, después de varias temporadas° de presentarnos los modelos de nuestras abuelas, los grandes diseñadores estarán dispuestos,° en un ciclo cada vez más corto, a resusitar los modelos de los '50 y los '60.

¿Qué pensará sobre la minifalda la mujer liberada? No es una prenda° que parece adaptarse demasiado a la incorporación de la mujer a la población profesional. Pero si la minifalda regresa por fin, será porque realmente hay un mercado que la espera.

La mini fue sustituida por la midi y pronto la midi fue cambiada por la maxi. Después la moda se desintegró. Todas las mujeres se vistieron con ropa que no se ajustaba a ninguna moda y con faldas de cualquier largo que les favorecían. Hoy en día cualquier ropa es aceptada sin que se ajuste a ningún estilo o moda determinada. Y para el año entrante,° ¿quién sabe lo que será la moda?

stages
on the other hand
get longer

novelty
designers / manufacturers
chain
today
seasons

are prepared

article of clothing

el año próximo

Prueba: ¿Qué clase de consumidor° es Ud.?

consumer

Cuando Ud. va de compras, ¿qué clase de producto busca? ¿Por qué compra Ud. un producto y no otro? ¿Gasta Ud. su dinero de una manera inteligente? Participe Ud. en la siguiente prueba y vamos a ver.

Lo compro porque. . .	Es un punto importante	No es un punto importante
1. Está de moda.	☐	☐
2. Funciona bien.	☐	☐
3. El color es lindo.	☐	☐
4. Todo el mundo lo tiene.	☐	☐
5. Lo quiero.	☐	☐
6. Lo necesito.	☐	☐
7. No lo necesito, pero me gusta.	☐	☐
8. Es práctico.	☐	☐
9. Es cómodo.	☐	☐
10. La calidad [quality] es buena.	☐	☐
11. Es económico.	☐	☐
12. Me queda bien.	☐	☐

EVALUACIÓN:

Si Ud. siempre tiene en cuenta los números 2, 6, 8, 9, 10, 11 y 12, Ud. es un consumidor admirable. Pero si Ud. piensa en esos números solamente de vez en cuando o rara vez cuando está de compras, ¡Cuidado! ¡Ud. puede ser un consumidor descuidado [careless]!

Entrevista   *¿Por qué lleva Ud. corbatín?*°   *bow tie*

Hay ciertas modas que duran° siempre, que son clásicas. El   *last*
corbatín, por ejemplo, nunca es el último grito de la moda y
nunca está pasado de moda. Siempre hay hombres que lo han
usado y suponemos que siempre habrá gente que les gusta el
corbatín. Para saber por qué tiene sus aficionados, les hicimos
la siguiente pregunta: ¿Por qué lleva Ud. corbatín?

Roberto Aguirre

¿Ha visto Ud. alguna vez a un mesero° con corbata   *waiter*
regular? ¡Claro que no! Es que el corbatín es más
práctico porque no se cae° en la sopa.   *it doesn't fall*

Guillermo Sandoval

Yo llevo corbatín porque quiero ser original.
¡Mire! Tengo altura regular,° peso° regular y as-   *average height / weight*
pecto° regular. ¿Cómo se acuerda la gente de mí?   *appearance*
Porque piensa «¡Ah sí, él del corbatín!»

José Ignacio Balcarce

Cuando yo era joven, usaba corbatín y ahora no
veo ningún motivo de cambiar porque me gusta
el corbatín. Además, mi esposa dice que me
queda bien a la cara.

Manuel Molina

Le voy a decir mi secreto. Llevo corbatín porque
me gustan los chistes° de mis amigos y las pre-   *jokes*
guntas de la gente curiosa—como Ud. ¡A mí, no
me importa la moda!

Lic. Alfredo García

Francamente, soy perezoso y es más fácil hacerle el nudo° al corbatín que a la corbata. El nudo del corbatín es el mismo que se le hace al cordón de los zapatos.°

knot

shoelaces

ACTIVIDAD: El sombrero

El hombre que lleva corbatín es bastante extraordinario hoy en día. El sombrero es otra cosa que no usa todo el mundo. Piense Ud. en una persona que lleva sombrero porque tiene que usarlo en su trabajo o porque le gustan los sombreros. La persona puede ser de verdad, ficticia o histórica. Ahora Ud. es esa persona. La pregunta es ¿Por qué lleva Ud. sombrero? Identifíquese ante la clase y dígales por qué, tratando de pensar en razones originales. (Sugerencia: Un policía, Clint Eastwood, Napoleón)

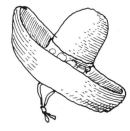

Los días de la niñez

Hablando de la nostalgia, ¿se acuerda de los libros que Ud. leía (o que sus padres le leían) cuando era niño(a)? ¿Todavía se acuerda de algún libro especial, uno que Ud. leía noche tras noche? Quizás a Ud. le gustaría ver cómo es la literatura de niños en español. El siguiente poema es de una autora argentina cuyos libros juveniles son muy populares por su mezcla° de fantasía y realidad y por los personajes° divertidos que ha creado.° María Elena Walsh también escribe poesía seria para los que ya no son más niños y trabaja en la producción de programas infantiles para la televisión.

mixture / characters

has created

CANCIÓN DE LA POLILLA°   *moth*

La polilla come lana
de la noche a la mañana.

Muerde° y come, come y muerde   *bites*
lana roja, lana verde.

Sentadita° en el ropero,°   *seated / closet*
con su plato y su babero,°   *bib*

come lana de color
con cuchillo y tenedor.

Sus hijitos comilones°   *gluttonous*
tienen cunas° de botones.   *cradles*

Su marido don Polillo
balconea en un bolsillo.°   *talks on the balcony*

De repente° se avecina°   *suddenly / moves in*
la señora Naftalina.°   *Moth ball*

Muy oronda° la verán,   *smug*
toda envuelta° en celofán.   *wrapped up*

La familia polillal
la espía por un ojal,°   *buttonhole*

y le apunta° con la aguja°   *point / needle*
a la naftalina bruja.°   *witch*

Pero don Polillo ordena:
—No la maten, me da pena;°   *it hurts me*

vámonos a otros roperos
a llenarlos° de agujeros.°   *to fill them / holes*

Y se van todos de viaje
con muchísimo equipaje:°   *luggage*

las hilachas° de una blusa   *threads*
y un paquete° de pelusa.°   *package / lint*

LA PALABRA ESCRITA: La alegría de la poesía

¡Ud. también puede ser poeta! Escriba un poema de seis a ocho líneas usando «La canción de la polilla» como modelo. ¿Quieren Uds. leer sus poemas a la clase?

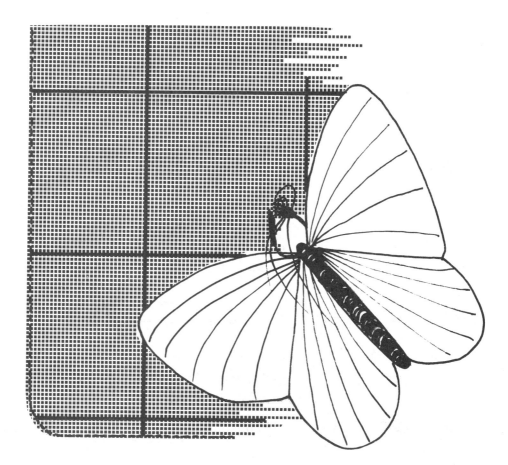

Estos modelos también cambian cada año

A principios de siglo los automóviles eran considerados como curiosos juguetes° para los ricos. ¡Cómo ha cambiado nuestra manera de vivir en 70 años!   *toys*

Los primeros vehículos autopropulsados aparecieron ya a fines del° siglo XIX, pero fue Henry Ford, en 1908, el primero en producir y fabricar° un coche para las masas, hecho° que cambiaría drásticamente la vida en Norteamérica y en todo el mundo. El nuevo medio de transporte requería nuevos métodos de producción, más y mejores carreteras° y un público con suficiente dinero para comprarlo.   *at the end of* / *to manufacture / an act* / *highways*

El primer automóvil producido en cadena° fue el Ford modelo T. Alcanzó° gran popularidad porque era sencillo,° fácil de manejar° y mantener, y su precio era accesible. El modelo T salió de la primera fábrica Ford en Detroit en la primera década del siglo. En los siguientes años Ford produciría miles de autos casi idénticos y casi todos de un sólo color—negro. Los modelos económicos que se fabricaban en esa época costaban alrededor° de mil dólares. Pero había otros modelos más lujosos° que costaban más de dos mil dólares, suma exorbitante para ése entonces.° Así se inció la industria automotriz en los Estados Unidos.   *assembly line* / *It reached / simple* / *to drive* / *around* / *luxurious* / *those days*

TALLER MECANICO

Antes de la Segunda Guerra Mundial, los países latinoamericanos importaban automóviles. Entonces, como cualquier artículo importado, el coche era muy caro, especialmente
después de pagar los impuestos.° Los dueños° de los coches   *taxes / owners*
se acostumbraron a mantenerlos muy bien porque pocos
podían tener el lujo° de cambiar el modelo todos los años.   *luxury*
Pero después de la Segunda Guerra Mundial se inició la pro-
ducción de automóviles en esos países. Ahora se fabrican coches
en México, Argentina, Colombia, Chile, Perú y Venezuela, y
ellos no son tan caros como los importados. Pero aún hoy,
especialmente en el campo o en los pueblos pequeños de
Latinoamérica se ven coches de los '20, los '30 o los '40 que
brillan° como nuevos y que siguen funcionando como medio   *shine*
de transporte porque sus dueños los han mantenido bien.

VOCABULARIO

Tengo un coche

¿Has visto mi nuevo coche?
   Tiene **frenos** [*brakes*] muy buenos para **frenar** [*to brake*] rápidamente.
   La carrocería [*body*] es elegante.
   El volante [*steering wheel*], **la bocina (el claxón)**[1] [*horn*], el motor, la batería,
   los faros [*headlights*] y el carburador **funcionan** [*work, run*] muy bien.

Siempre trato de **conducir (manejar)** a una velocidad moderada, me paro en
   el semáforo (la luz) [*traffic lights*], y cuando no tengo una moneda para
   el parquímetro [*parking meter*], busco **un estacionamiento** [*parking lot*]
   para **estacionar** [*to park*] el coche. No indico que voy a **doblar a la derecha**
   [*to turn right*] cuando voy a **doblar a la izquierda** [*to turn left*] o **ir derecho**
   [*to go straight ahead*]. Siempre respeto los derechos de **los peatones**
   [*pedestrians*], y nunca conduzco sin **la licencia de conducir** [*driver's license*]. En **los atascamientos (embotellamientos)** [*traffic jams*] tengo la
   paciencia de un santo. Soy **un conductor** [*driver*] modelo. Entonces,
   ¿por qué tengo **una multa** [*ticket*]? ¿Qué es **la infracción** [*traffic violation*]?

¿Y qué vehículo tiene Ud.? **¿Una motocicleta (una moto)** [*motorcycle*], **una
   motoneta** [*motor scooter*], una bicicleta o **un camión** [*truck*]?

[1] A veces diferentes países usan diferentes palabras, pero la palabra y su sinónimo en paréntesis
significan lo mismo.

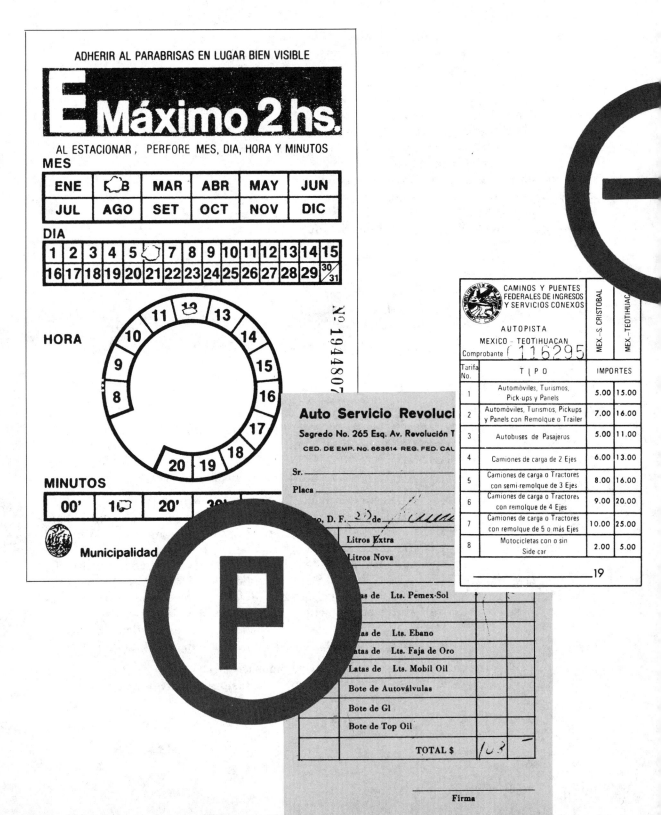

ACTIVIDAD DE VOCABULARIO: Preguntas personales

1. ¿Tiene Ud. o su familia un coche? ¿De qué marca [brand] es? ¿Es importado o nacional? ¿De qué color es? ¿Es grande o pequeño? ¿Gasta mucha o poca gasolina? ¿Es cómodo? ¿Le gusta el diseño de la carrocería?
2. ¿Maneja Ud.? ¿Qué clase de conductor es Ud.? ¿Cuántos años tiene que tener para manejar en su estado? ¿Le gusta manejar? ¿Cuál es su medio de transporte preferido?
3. ¿Cuál es la velocidad legal en su estado? ¿A qué velocidad le gusta manejar? ¿Cuántas veces tomó Ud. el examen para obtener la licencia de conducir?
4. ¿Ha recibido Ud. alguna vez una multa? ¿Cuál era su infracción? ¿Cuánto dinero hay que poner en los parquímetros donde Ud. vive?
5. ¿Cuáles son las ventajas y las desventajas de ser peatón?

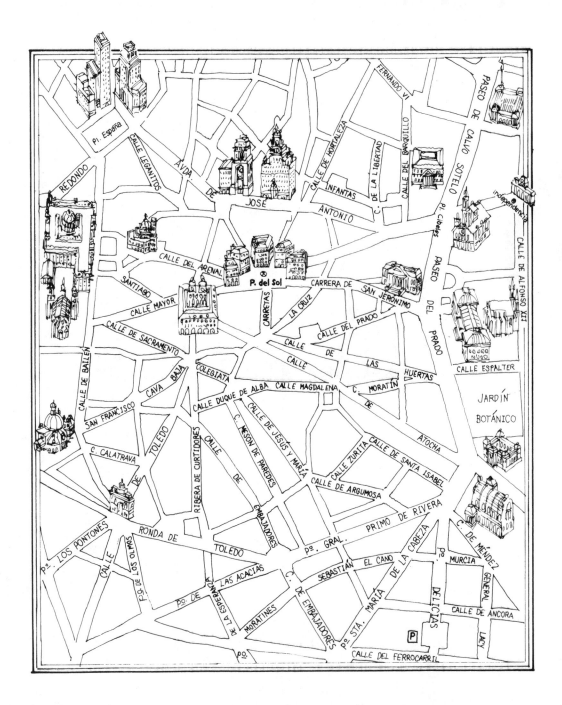

ACTIVIDAD: El centro de Madrid

Hay aquí un mapa de una zona céntrica de Madrid. Ud. está en la Puerta del Sol cuando una persona que no conoce bien la ciudad se para y le pregunta dónde se puede estacionar. Dígale cómo llegar al estacionamiento indicado por el símbolo internacional Ⓟ, empezando cada frase con «Hay que. . .»

Recorte *Padre preso° por prestar el auto*   *jailed*

El 4 de septiembre la policía detuvo en el Parque Saavedra a
un menor° de 16 años que conducía un automóvil en compañía   *minor*
de una joven. En seguida el padre del chico fue citado° a la   *summoned*
comisaria,° donde reconoció° que él le había permitido a su   *police station / acknowledged*
hijo el uso del coche. El sumario° llegó a los Tribunales y el   *case*
juez° correccional le impuso al padre diez días de arresto en   *judge*
el Instituto de Detención.

   El juez declaró en su sentencia que a los 16 años no se tiene
la madurez° necesaria para efectuar determinados actos como   *maturity*
manejar un automóvil. También notó que en este caso las características personales del joven en cuestión tampoco hacían
aconsejable° el otorgamiento° de ese permiso.   *advisable / giving*

ACTIVIDAD: Preguntas personales

¿Qué hace Ud. cuando. . .

1. . . .quiere salir por la noche y descubre que los faros de su coche no funcionan?
2. . . .por fin consigue un espacio con parquímetro y descubre que Ud. no tiene monedas?
3. . . .tiene la luz verde, pero un viejo está cruzando [crossing] la calle?
4. . . .tiene mucha prisa y descubre que la batería del coche está muerta?
5. . . .un policía le da una multa?
6. . . .el letrero dice que el límite de velocidad es 55 millas por hora, pero los otros coches van a 60 millas por hora?
7. . . .llega a la esquina cuando el semáforo está amarillo?
8. . . .los frenos de su coche no funcionan muy bien?

La soberbia°

°pride

¿Has visto mi nuevo coche? Es decir, ¿has admirado mi nuevo coche? ¿Te has dado cuenta de la hermosura° del vehículo, de su forma, de su elegancia, de su reprise,° de la calidad de sus frenos?

°beauty
°acceleration

Al coche nuevo se le presenta con la máxima ilusión, casi con la misma con que se presenta a una nueva novia. Es una muestra de° a lo que ha podido llegar el hombre, de su capacidad de acumular, de su capacidad de gastar. He aquí algo que me pertenece,° algo que me permite desplazarme° a mi voluntad,° y además es bello, es elegante, es práctico. . .

°sample of

°belongs / get around
°will

Pero—se me dirá—no todos los coches son bellos, elegantes y prácticos.

Observación absolutamente alejada° de la realidad sujetiva que es la que vale° cuando se trata de juzgar° algo que nos es querido. Por la misma razón de que «todas» las novias son bellas, elegantes y distinguidas para su enamorado novio. Y esto vale sobre todo para el poseedor° del primer coche. Creo que todos los que en el mundo han tenido, por vez primera, un automóvil han reaccionado con la misma ceguera° que cuando alguien se enamora; porque existe el amor en el mundo automovilista, igual que° en el humano. De pronto alguien se queda parado ante un escaparate,° de pronto alguien se resiste a ponerse en marcha° cuando el semáforo ha cambiado a verde a pesar del° concierto de claxones a su espalda. En ambos casos la causa ha sido la misma. Un modelo automovilístico le ha echado encima° la luminosidad de sus ojos-faros, la esbeltez° de su capota,° el brillo° de su cromado. Y el hombre ha quedado pasmado,° enamorado en fin. Y al reponerse° de su emoción se ha dicho: Esta mujer, quiero decir, este coche tiene que ser mío. Cueste lo que cueste.° Que en general, es mucho.

°removed
°matters / judging

°possessor

°blindness

°the same as
°store window
°to start up
°despite

°has cast upon / gracefulness
°hood / shine
°stunned / recovering

°Whatever it may cost.

Y resulta igual de inútil° el hacerle notar° al nuevo dueño   *as good as useless / to point out*
que lo que acaba de obtener no es tan importante como creía.
La reacción ante esos intentos por parte de un amigo—que
puede fácilmente dejar de serlo° si insiste mucho—va desde   *stop being one*
la negación de la realidad. . . «¿Cómo no va a ser bonito ese
color naranja?». . .a convertir el defecto en una virtud. «Por
eso me gusta. Porque es distinto de todos los demás coches.»

El coche es una prolongación de la personalidad humana.
Y por ello se defiende como se defiende a la familia o a los
gustos de toda índole° en la vida. El orgullo° que nos impide   *kinds / pride*
aceptar que nuestro sastre° sea un inepto o nuestra casa puesta°   *tailor / arranged*
con mal gusto, niega° igualmente cualquier deficiencia en el   *denies*

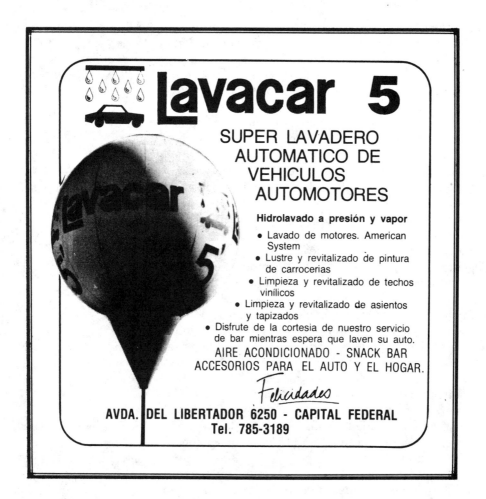

medio de transporte, por obvia que sea. Si el coche es grande. . . «resulta cómodo, hay sitio° para toda la familia»; si es pequeño: «se aparca en cualquier sitio. . . consume poco»; si nuevo, flamante°. . . «funciona muy bien porque tiene pocos kilómetros y esto se nota»; si usado . . . «está ya muy rodado° ¿comprendes? y las piezas° necesitan ajustarse». Si es extranjero. . . , «desengáñate,° no sabremos nunca construir así en España. Son muchos años de experiencia los que nos llevan». Si es nacional «la gran ventaja es que tienes las piezas de recambio° que necesitas siempre a mano°»; si es de color oscuro, «luce° mucho más cuando está limpio»; si claro, «se nota menos el polvo y no hay que lavarlo tan a menudo». Si rápido. . . «chico, da gusto,° aprietas° el acelerador y te pones a noventa en unos segundos». Si lento: «Mira, con los límites de velocidad de ahora no merece la pena° tener tantos caballos°. . . , y hay menos riesgo° de matarse.» Si alto de carrocería. . .«es muy cómodo para las señoras, especialmente cuando vuelven del peluquero°,» si bajo, deportivo. . . «se agarra° a la carretera que da gusto». ¿Dos puertas? «Los niños van detrás° y no tenemos que preocuparnos de su seguridad.» ¿Cuatro puertas? «Lo cómodo que resulta para entrar y salir.»

space

brand-new

broken in
parts

don't kid yourself

replacement / on hand
it shines

it's a pleasure / you press

worth the trouble
horsepower / risk

hairdresser
grabs
in back

ACTIVIDAD: Comprensión de lectura

Lea con cuidado los siguientes comentarios del ensayo y diga a qué tipo de coche se refiere: el coche grande, el coche pequeño, el coche nuevo, el coche viejo, el coche extranjero, el coche nacional, el coche rápido, el coche lento, el coche de cuatro puertas o el coche de dos puertas.

1. «Está ya muy rodado ¿comprendes? y las piezas necesitan ajustarse.»
2. «Resulta cómodo, hay sitio para toda la familia.»
3. «Desengáñate, no sabremos nunca construir así. Son muchos años de experiencia los que nos llevan.»
4. «Chico, da gusto, aprietas el acelerador y te pones a noventa en unos segundos.»
5. «Los niños van detrás y no tenemos que preocuparnos de su seguridad.»
6. «Se aparca en cualquier sitio. . . consume poco.»
7. «Funciona muy bien porque tiene pocos kilómetros y esto se nota.»
8. «Lo cómodo que resulta para entrar y salir.»
9. «La gran ventaja es que tienes las piezas de recambio que necesitas siempre a mano.»
10. «Mira, con los límites de velocidad de ahora no merece la pena tener tantos caballos. . . , y hay menos riesgo de matarse.»

Y tú, ¿qué dices?

Un compañero de clase acaba de comprar un coche y le muestra a Ud. una foto de su nueva adquisición. La foto está en esta página. Por supuesto Ud. tiene muchas preguntas sobre el coche. Hágalas y el dueño del coche le va a contestar.

Recorte *La prohibición de aparcar en el centro de Madrid*

Durante las últimas fiestas navideñas° las autoridades munici-   *Christmas holidays*
pales de Madrid tomaron medidas° especiales para reducir la   *measures*
circulación de tránsito en el centro de la ciudad. En la primera
semana cerca de 60.000 vehículos particulares° dejaron de cir-   *private*
cular por el centro, en tanto que el número de viajeros en los
transportes públicos aumentó en 85.000 diarios.° Además, se   *daily*
evitaron° los atascamientos tradicionales de esta temporada.°   *were avoided / season*
La prohibición de aparcar en la zona centro de Madrid no afecta
a los residentes de las calles del centro, vehículos comerciales
y algunos otros casos excepcionales.

ACTIVIDAD: Mesa redonda

Casi todas las grandes ciudades del mundo están asfixiándose en los gases de escape [*exhaust fumes*] del tránsito. Busquen Uds. soluciones a este problema. Discutan si sus soluciones son prácticas, razonables y económicas.

¡Vamos a jugar!

7

PRIMERA PARTE   **¿Por qué juega Ud. al tenis?**

El rey y el deporte para todos

SEGUNDA PARTE   **¡Gol!**

La lección de fútbol

El perezoso y la TV

TERCERA PARTE   **De carreras y maratones**

¡Un día inolvidable!

cancha — court
equipo — team, equipment
player — jugador (a)
jugar a — to play (sport)
campo — field
ganar — to win
pista — track
perder — to lose
partido — game (event)
juego — game
puntos — points
resultado — result

PRIMERA PARTE

¿Participante o espectador?

¿A qué deporte le gusta jugar? ¿Cuál es el deporte que le gusta ver en el **estadio** [*stadium*] o en la televisión? ¿Es Ud. **aficionado(a)** [*fan*] a todos los deportes, o hay algunos que no le interesan? Indique sus preferencias.

balón — soccer ball
árbitro — referee
bola — balls that roll
bolo — bowling ball
pelota — general ball

	Participante	Espectador	No soy aficionado(a)
1. el tenis	☐	☐	☐
2. el fútbol [*soccer*]	☐	☐	☐
3. el fútbol americano	☐	☐	☐
4. el béisbol	☐	☐	☐
5. el volibol	☐	☐	☐
6. la natación [*swimming*]	☐	☐	☐
7. el baloncesto [*basketball*] básquetbol	☐	☐	☐
8. el hockey	☐	☐	☐
9. el hockey sobre hielo [*ice hockey*]	☐	☐	☐
10. el correr	☐	☐	☐
11. la esgrima [*fencing*]	☐	☐	☐
12. el biciclismo ciclismo	☐	☐	☐
13. el golf	☐	☐	☐
14. el deporte de vela [*sailing*]	☐	☐	☐
15. la lucha libre [*wrestling*]	☐	☐	☐
16. el boxeo el box	☐	☐	☐
17. el patinaje [*skating*]	☐	☐	☐
18. el patinaje sobre hielo los patines (skates)	☐	☐	☐
19. el esquí esquiar	☐	☐	☐
20. la equitación [*horseback riding*]	☐	☐	☐

VOCABULARIO

Jugar lo mejor que uno pueda

Un equipo [*team*] **de béisbol** tiene 9 **jugadores** [*players*].

Los jugadores de fútbol o béisbol juegan en **un campo** [*field*].

Pero **un partido** [*match*] de tenis se juega en **una cancha** [*court*].

Esos deportes requieren **equipo** [*equipment*] especial y **una pelota** o **una bola** [*ball*].

Los corredores corren **las carreras** [*races*] en **una pista** [*track*].

Es importante **practicar** o jugar a un deporte.

A todo el mundo le gusta **ganar** [*to win*], pero a pocos les gusta **perder** [*to lose*]. El equipo o el jugador que tiene más **puntos** [*points*] gana. Si hay problemas, **el árbitro** [*umpire, referee*] decide quién tiene el punto. **¡El resultado** [*score*] es importante porque el equipo o el jugador que gana más que los otros competidores es **el campeón!**

RESULTADOS

Guillermo Vilas venció a Manuel Orantes por 6-4 y 6-5.
Jimmy Connors a Eddie Dibbs 7-5 y 6-2.
Brian Gottfried a Roscoe Tanner 7-5 y 6-2.
Guillermo Vilas a Jimmy Connors 6-4, 3-6 y 7-5.
Bjorn Borg a Roscoe Tanner 6-4, 6-7 y 6-3.
Brian Gottfried a Raúl Ramírez 6-7, 6-2 y 7-5.
Jimmy Connors a Manuel Orantes 6-4 y 6-3.
Raúl Ramírez a Roscoe Tanner 6-4 y 6-4.
Bjorn Borg a Guillermo Vilas 6-3 y 6-3.
Jimmy Connors a Brian Gottfried 6-4, 3-6 y 6-3.
Jimmy Connors a Bjorn Borg 6-4, 1-6 y 6-4.

ACTIVIDAD DE VOCABULARIO

1. ¿En qué deportes se necesita una pelota?
2. ¿En qué deportes no se necesita una pelota?
3. ¿Cuántos jugadores hay en un equipo de fútbol americano? ¿de fútbol? ¿de béisbol? ¿de volibol? ¿de baloncesto? ¿de hockey?
4. ¿En qué deportes hay carreras?
5. Hay ciertos deportes que se juegan en ciertas estaciones. ¿Qué deportes se juegan solamente en el verano? ¿Solamente en el invierno? ¿en el otoño? ¿en la primavera?
6. ¿Qué deportes son populares en su universidad?
7. ¿Qué hay que hacer para ser campeón?
8. Según el cuestionario, ¿cuál es el deporte más popular para los participantes? ¿Qué deporte tiene el número más grande de espectadores? ¿Qué deportes no tienen aficionados en su clase?

Y tú, ¿qué dices?

Con otra persona en la clase, haga las siguientes preguntas.

1. ¿A qué deportes te gusta jugar?
2. ¿Cuál es tu deporte preferido como espectador?
3. ¿Hay algun deporte que no juegas ahora pero que te gustaría aprender? ¿Cuál es?
4. En tu opinión, ¿qué deportes son interesantes para los jugadores pero aburridos para los espectadores?
5. ¿Eres tú aficionado(a) a algún equipo en particular? ¿Cuál es?
6. En tu opinión, ¿qué deportes son más violentos o peligrosos [*dangerous*] que otros?

Entrevista *¿Por qué juega Ud. al tenis?*

Hicimos esta pregunta a varios jugadores de tenis un sábado
por la tarde y nos contestaron así:

¡Es muy divertido! ¡Además es un deporte rápido
y estimulante!

El doctor me dijo que el ejercicio es bueno para
la salud,° ¡pero no me dijo que el tenis requiere   *health*
buena coordinación!

¡Es un juego muy sociable! ¡Siempre me encuentro con gente interesante en la cancha de tenis!

¡Es una salida° para mi tensión nerviosa!   *outlet*

¡Me gusta estar afuera° en un día tan hermoso   *outside*
como hoy!

¡Porque me gusta competir, especialmente cuando
estoy ganando!

ACTIVIDAD: Preguntas personales

1. ¿Por qué juega Ud. a los deportes?
2. Cuando Ud. juega a los deportes, ¿qué es más importante—ganar, competir
   o jugar bien?
3. ¿Hay algún atleta que Ud. admira? ¿Quién es? ¿Por qué lo admira?
4. Algunos atletas profesionales ganan sueldos muy grandes. ¿Qué opina Ud. de
   esto?

El rey° y el deporte para todos

king

La afición al deporte se ha extendido en España a todas las clases sociales. El problema es poder practicarlo, porque no siempre hay las instalaciones° necesarias y, si las hay, son caras en proporción a los sueldos y salarios que ganan los aspirantes a deportistas.° Sin embargo, hay deportes «sin instalaciones», como el pedestrismo.° Por eso es popular y la cifra° de corredores en los maratones, circuitos urbanos o carreras «a campo traviesa°» es de centenares° y hasta de millares° en la suma total de participantes en las diversas categorías: infantiles, juveniles, mayores, veteranos y femeninas. Una reciente prueba° ciclista por las calles de Madrid, maratón ciclista, con el alcalde° a la cabeza, tuvo un fundamento ecológico y un significado popular.

facilities

atletas
carreras a pie / número

cross country / hundreds / thousands

carrera
mayor

El Consejo Superior de Deportes ha creado el trofeo° Educación Física para premiar° a la persona o entidad que más se haya distinguido en la promoción de la educación física, y concedió° el correspondiente al año 1978 a las asociaciones que han hecho posible el «deporte para todos» a través de° esos maratones populares. En la entrega° de ese premio° ha estado el Rey Don Juan Carlos. El rey tenía especial interés en estar presente a esa política deportiva° favorable a las gentes más modestas en el nivel económico.

trophy
to award

dio
through
presentation / prize

sports event

A principio de siglo el deporte en España era para unos pocos. En verdad eran pocos también los aficionados al deporte, los que conocían sus ventajas° o efectos favorables. La mayoría no sentía necesidad de practicar ninguna especialidad. Mas° con el paso del tiempo y la divulgación,° fue creciendo° el número de participantes.

Se pretende que el deporte quede fuera° de la política, pero lo cierto es que toda política de sentido social fomenta° el deporte y le presta° ayuda. Los grandes totalitarismos, como el fascismo italiano, el nacismo, el comunismo del Este y nuestro nacional-sindicalismo reciente han hecho deporte socializado.

En España estamos ahora en una nueva línea trazada en una tesis de Benito Castejón premiada en la Unesco: la de «deporte para todos». Es un plan tan extenso como profundo, a medio y a largo plazo,° como los créditos, que ha de dar frutos,° aunque no con la urgencia que necesita toda política para ser mantenida. La figura del rey—un rey deportista—lo respalda.° El reconocimiento de la importancia del deporte está en el programa general de todos los partidos. La cuestión es el procedimiento y el dinero. Y con estas dos manos operará el Consejo.

advantages

pero / popularization / growing

outside
stimulates
lends

long-range / give results

supports

ACTIVIDAD DE COMPRENSIÓN: ¿Qué dijo el autor?

Escoja la respuesta que mejor corresponda.

1. En España ahora. . .
   a. todos los que quieren practicar un deporte pueden hacerlo.
   b. no todos los que quieren practicar un deporte pueden hacerlo.
   c. los deportes son solamente para el rey y los ricos.

2. El pedestrismo es popular en España porque. . .
   a. no se necesitan instalaciones.
   b. el rey participa en los maratones.
   c. el transporte público es malo.

3. En España en el año 1900. . .
   a. había muchos aficionados a los deportes.
   b. muchos conocían los buenos efectos de los deportes.
   c. no había muchos aficionados a los deportes.

4. La política de diferentes tipos. . .

   a. pretende que el deporte no exista.
   b. censura el deporte.
   c. reconoce el valor del deporte.

5. El Rey de España es deportista y esto. . .

   a. ayuda a aumentar el interés en el deporte.
   b. indica que el deporte es para pocos.
   c. significa que hay una relación entre la política y el deporte.

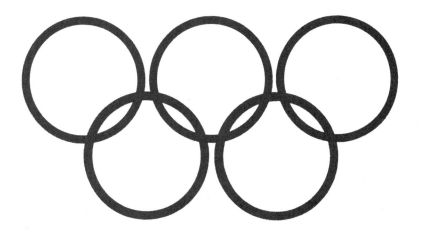

TEMAS DE CONVERSACIÓN: ¿Qué opina Ud.?

1. Los gobiernos de algunos países gastan mucho dinero en mantener a sus atletas amateures, en entrenarlos [*train them*], y en mandarlos a las competencias internacionales. ¿Qué opina Ud. de eso? ¿Qué debe hacer los Estados Unidos?

2. La Olimpiada de 1980 tuvo lugar en Moscú. A causa de la política internacional el presidente de los Estados Unidos insistió en que los atletas norteamericanos no participaran en esa Olimpiada. ¿Qué opina Ud. de la decisión del presidente? ¿Cuáles son algunos de los aspectos políticos de la Olimpiada?

3. Según el artículo, el pedestrismo (trotar o correr) es un deporte popular porque no requiere «instalaciones» o mucho equipo. ¿Por qué es popular en los Estados Unidos? ¿Cuáles son los deportes que se puede practicar sin instalaciones o sin equipo caro? ¿Cuáles son los deportes que requieren instalaciones especiales o equipo caro?

4. ¿Cuáles son las ventajas [*advantages*] y las desventajas de ser un atleta profesional?

¡Gol!

Cuando los hispanos hablan del fútbol, lo hacen con fervor, entusiasmo y pasión porque están hablando de uno de los deportes más populares de España y de Latinoamérica. Millones de espectadores van a los estadios para ver los partidos de fútbol los domingos; más millones ven los partidos en la televisión o leen sobre ellos en la página deportiva del periódico o en las revistas dedicadas al fútbol. Cada aficionado al fútbol tiene su equipo preferido, y su dedicación e interés en la suerte de ese equipo son apasionados.

No son solamente espectadores, sino también son participantes. Cada pueblo o barrio tiene su equipo de fútbol, y donde haya° un parque o un terreno desocupado,° hay niños y mayores jugando al fútbol. ¡Y ahora las mujeres juegan al fútbol también!

wherever there is / empty lot

Cada cuatro años se celebra el Campeonato Mundial° de fútbol, «el Mundial». Cuando se celebró el Mundial en la Argentina en 1978, los siguientes países participaron: Hungría, Francia, Italia, Polonia, Alemania Federal,° Tunez,° México, Austria, España, Suecia,° el Brasil, Holanda, Irán, el Perú y Escocia.° ¿Y quién ganó la Copa?° ¡La Argentina! El Mundial de 1982 tiene lugar en España y el Mundial de 1986 será en Colombia. ¿Le gustaría apostar° cuál equipo va a ganar en 1982 y en 1986?

world championship

West Germany / Tunisia
Sweden
Scotland / Cup

to bet

¡A prepararse!

En 1978, mientras la Copa Mundial tuvo lugar en Buenos Aires, Argentina, el escritor español, Alberto Lleras, escribió un artículo titulado «La lección del fútbol». En el extracto [*excerpt*] del artículo que aparece aquí, Lleras dice «Se compara, generalmente, al fútbol con la guerra y con la política. No tiene nada de semejante.» Para entender mejor la metáfora del autor, estudie primero el siguiente vocabulario:

el alcance	*reach*	**avanzar**	*to advance*
la bandera	*flag*	**destruir**	*to destroy*
el celo	*zeal, fervor*		
el choque	*violent encounter*	**desesperado**	*desperate*
el ejército	*army*	**esperanzado**	*hopeful*
la lucha	*struggle*	**insoportable**	*unbearable*
la regla	*rule*	**temerario**	*reckless*
		apaciblemente	*peacefully*

ACTIVIDAD DE VOCABULARIO: Descripciones

Hay cuatro adjetivos en la lista. Uselos para formar descripciones válidas de los sustantivos. Por ejemplo: **el celo insoportable.** Hay muchas combinaciones posibles.

La lección del fútbol

Se compara, generalmente, al fútbol con la guerra y con la política. No tiene nada de semejante,° aunque decir nada es tal vez una exageración. Es, en el fondo, una lucha. Es cierto que como en las guerras antiguas,° se forma un equipo, es decir, un ejército, sólo que pequeño y se le envía al choque, mientras los demás se quedan a los lados° dando gritos de estimulo.° Pero es tan pequeño el equipo, once jugadores, que la comparación es pobrísima. Con la política, menos aún. Este es un juego desordenado, en donde predominan las faltas°

similar

viejas

on the side

cheering

faults

sobre los hechos brillantes, y el caos y la ineptitud sobre la precisión y la sabiduría.° Además, en la política el público no está al margen° del equipo, sino confundido° con él, y la suerte de este último° depende del voto, es decir, de la contribución pública. No. El fútbol no se parece° a nada. Es un juego. Un maravilloso juego donde «el alma° debe ser temeraria y prudente, emprendedora° y conforme.» Esta última condición es fundamental, como las otras. Aceptar, en silencio, sin protesta, todo lo malo que ocurre, todo lo adverso, hasta que haya manera de convertirlo en favorable. Un alma conforme puede ser mucho más eficaz° que un temeraria. Pero en general, si vemos bien un partido de fútbol, tiene que tener las condiciones que Aristóteles le pedía a la gimnasia. Es gimnasia. Es atletismo, pero dedicado a una finalidad de equipo. Se debe ser buen corredor, pero para correr treinta metros en el momento preciso, y no correr más, porque el plan se destruiría si se avanza demasiado. Se debe buscar el choque con el adversario, pero dentro de las reglas y con una velocidad que compense cualquier deficiencia de peso.° Se debe golpear° la pelota con el pie como si fuera° la última vez, como si toda la vida se concentrara en el equilibrio,° en la violencia, en la dirección. Y sólo se debe hacer así cuando hay la seguridad de que la meta° está al alcance y despejada.° Si no, hay que retener esa violencia, y pasarla a otro jugador mejor colocado.°

En medio de la profusión de banderas, de símbolos, de uniformes, de gritos° de naciones esperanzadas y desesperadas, es preciso recordar todo el tiempo que sólo se trata de un juego, que no hay que llevar más allá de° sus límites, en materia de violencia y de celo patriótico. Los capitanes de los equipos entregan° la camiseta° a su adversario, se abrazan° y entran apaciblemente, un poco cansados al sitio de reposo.° Se abrazan en la mitad del campo, cuando alguien ha hecho un tanto,° pero después se olvidan de esas efusiones.

El espectáculo del fútbol tiene una emoción, una belleza,° una rapidez y una gracia, de que carecen° muchos otros juegos. En el fútbol norteamericano, por ejemplo, los jóvenes se apelotonan° sobre el que cae en un lamentable embrollo.° El béisbol, con su insoportable lentitud,° tiene que resultar una tortura para el espectador. El fútbol es, sin duda, el mejor de los juegos, y la televisión lo está demostrando al mundo que todavía no lo juega, o no lo había visto. Se juega en los continentes más apartados,° por gentes de todas las razas° y pueblos.° Y en todas partes es igual. Es un juego contagioso, alegre, veloz y fuerte, y cada día lo será más, a medida que° los equipos se preparen mejor físicamente. En todo caso° es un asombroso° espectáculo, y es una lección.

wisdom	
on the sidelines / combinado	
latter	
resemble	
spirit	
enterprising	
effective	
weight / to kick	
as if it were	
balance	
goal	
clear	
placed	
shouts	
go beyond	
dan / jersey / embrace	
rest area	
goal	
beauty	
lack	
pile up / tangle, mess	
slowness	
far apart / races	
peoples	
as	
In any case / astonishing	

Momentos emocionantes en el Mundial de 1978: La Argentina contra Holanda.

ACTIVIDADES DE VOCABULARIO: Sinónimos, antónimos y otras formas

A. Escoja la palabra de la lista que sea un sinónimo de cada palabra en itálicas.

veloz   brillante   antiguo   enemigo

1. El partido fue *maravilloso* porque Pepe es un jugador _brillante_
2. El fútbol es un juego muy *rápido*. El hockey sobre hielo también es un deporte _veloz_
3. Aunque mi abuelo es *viejo*, todavía esquía. ¡Sus esquíes son _antiguo_
4. El boxeador lucha contra su *adversario* y el soldado lucha contra el _enemigo_

B. Algunos antónimos se forman con el prefijo **des-** o **in-**. Forme el antónimo de las siguientes palabras y diga lo que significan.

des-	in-
des igual	_in_ seguridad
des ordenado	_in_ soportable
des equilibrio	_in_ eficaz
des cansado	_in_ cierto

C. Escoja de la lista el antónimo de la palabra en itálicas. Haga los cambios gramaticales necesarios.

lentitud   inteligencia   débil   favorable
primero   prudente   desordenado   desesperado

1. Gracias a la *estupidez* de nuestro adversario y a la _inteligencia_ de nuestro equipo, ganamos la competencia.
2. No, no somos los campeones. Nuestro equipo ganó el _primero_ partido y el *último*, pero los otros. . .
3. Los aficionados están muy *esperanzados* aunque saben que su equipo está _desesperada_ en una situación ~~favorable~~
4. El autor habla de la *rapidez* del fútbol y la _lentitud_ del béisbol.
5. No me gusta jugar al tenis con Alberto porque él es un jugador *temerario* mientras yo soy más _prudente_
6. El año pasado tuvimos un equipo de tenis muy *fuerte*, pero los mejores jugadores se graduaron y ahora el equipo es bastante _débil_

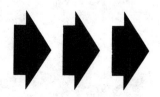

7. ¡No lo entiendo! Cuando las condiciones son *adversas*, ganamos. Y cuando son ___ , perdemos. *favorable*

8. Cuando el entrenador [*trainer, coach*] llegó, trató de hacer un equipo *disciplinado* de un equipo ___ . *desordenado*

D. Cada número tiene por lo menos dos formas de la misma palabra. Indique la forma para cada espacio. Haga los cambios gramaticales necesarios.

1. (*luchar, lucha*)
   Cuando la *lucha* es difícil, los héroes ___ *luchan* más.

2. (*gritar, grito*)
   Es verdad que el público *grita* mucho, pero sus *gritos* estimulan al equipo.

3. (*jugar, juego, jugador*)
   Los *jugadores* ___ del otro equipo *juegan* como si el partido fuera una guerra y no sólo un *juego*.

4. (*saber, sabiduría*)
   El profesor Fernández *sabe* mucho y tiene fama por su *sabiduría*.

5. (*contribuir, contribución*)
   Queremos avisar a todos que *contribuyen* ___ a la Cruz Roja que apreciamos su ___ . *contribución*

6. (*protestar, protesta*)
   Si Ud. quiere, puede *protestar* al árbitro, pero el nunca escucha las *protestas*.

7. (*correr, corredor*)
   ¿Cuántos *corredores* van a *correr* en el próximo maratón?

8. (*destruir, destrucción*)
   La *destrucción* que dejó la tormenta fue increíble. *Destruyó* nuestra casa completamente.

9. (*pesar, peso*)
   ¿Cuánto *pesa* el boxeador?
   No sé. No menciona su *peso* a nadie.

10. (*alcanzar, alcance*)
    ¿Puedes *alcanzar* la pelota?
    No, está fuera de mi *alcance*.

11. (*abrazar, abrazo*)
    Los novios se *abrazaron* y se besaron y se dijeron «Buenas noches». Después, un *abrazo* y un beso más.

ACTIVIDAD: Comprensión de lectura

1. ¿Cuáles son las diferencias entre la guerra y el fútbol?
2. ¿Cuáles son las diferencias entre la política y el fútbol?
3. ¿Cuáles son las cualidades necesarias para ser un buen jugador de fútbol?
4. ¿Por qué es importante ser conforme en el fútbol?
5. ¿Qué opina el autor del fútbol norteamericano? ¿Del béisbol?
6. ¿Qué opina Ud. de la opinión del Sr. Lleras?
7. Según el autor, ¿cuál es la lección del fútbol?

LA PALABRA ESCRITA: Las reglas del juego

«Los capitanes de los equipos entregan la camiseta a su adversario, se abrazan
y entran apaciblemente. . .» Cada juego y también muchas situaciones de la vida
tienen sus reglas. A veces las reglas son bien definidas y otras veces varían según
el lugar, la época o la cultura o tradición en que existen. Escriba de ocho a diez
reglas para un juego o una situación (una fiesta, una entrevista, una cita, etc.),
comenzando cada frase con «Hay que. . . » o «No hay que. . . »

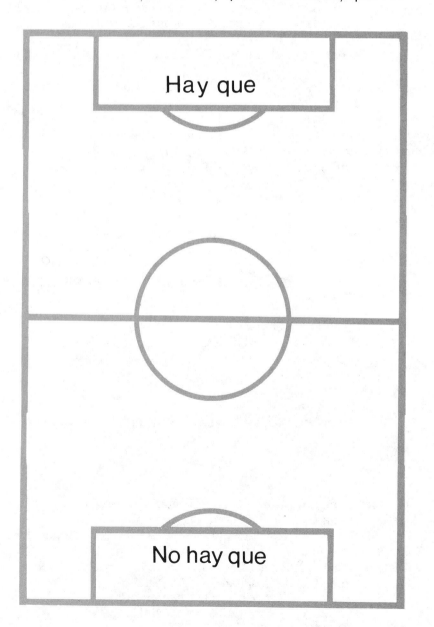

Alberto Lleras escribió sobre los aspectos serios del fútbol, pero aquí tenemos un aspecto inesperado: el humorístico. En este extracto del capítulo «El perezoso y la TV» de su libro *Mis pecados capitales,*° el gran humorista español, Fernando Díaz Plaja, nos ofrece su perspectiva del fútbol.

mortal sins

El perezoso y la TV

Otra gran solución para el perezoso es la televisión. Si el barco permite el traslado° del cuerpo con el menor movimiento posible por su parte, la televisión le sitúa en ambientes° y situaciones diversas sin la molestia° de salir a la calle y buscar sitio° entre las gentes que se aglomeran en la cola° y luego se disputan las butacas° colocando° sus brazos en donde pensabas colocarlos tú.

transfer
environments
bother / *lugar*
crowd in line
seats / *placing*

¡Qué diferencia ver, aunque sea en pantalla chica, la película desde la casa de uno! La mejor butaca, la copa al alcance de la mano. . . A mí no me ha gustado nunca ser espectador deportivo. Si veo el fútbol en TV es porque, efectivamente, lo jugué de chico como casi todos los españoles. No me llegué a destacar° demasiado en él aunque, siendo alto y delantero centro,° metía° bastantes goles. Podría decir ahora que hoy los jugadores son distintos y muy comercializados, mientras en nuestro tiempo nos dejábamos el alma en el campo, pero la verdad es que yo no me he dejado el alma en ninguna parte y menos sobre un campo de deportes. . . Pero ver el fútbol me divierte; mientras me aterra° la idea de trasladarme a un campo con su correspondiente ajetreo° de coches, embotellamientos, estacionamiento, sufriendo frío o calor; sin embargo cuando me lo ofrecen en casa, lo veo. Claro que distraídamente° mientras consulto notas o leo un libro de poco gancho.° La gran ventaja de la TV es que le avisan° a uno cuando pasa algo importante, porque dice el locutor: Repetición de la jugada.° Lo que es gran regalo para el perezoso y para el distraído, dos defectos que uno tiene. Y algo valioso que la realidad casi nunca ofrece: el poder terminar con el espectáculo cuando uno quiera y no cuando quiera el árbitro.

stand out

forward center / I got in

terrifies

hustle and bustle

distracted by

appeal

tell

play

ACTIVIDAD: Ventajas todas

1. Haga una lista de tres ventajas que el perezoso encuentra en la televisión.
2. Haga una lista de cinco ventajas de ver el fútbol en la televisión en vez de ir a un estadio.
3. ¿Cuáles son las ventajas más importantes para Ud.?
4. En su opinión, ¿cuáles son las ventajas de asistir a un partido en vez de verlo en la televisión?

Lista

✓ENTAJAS:

1.

2.

3.

De carreras y maratones

Hasta los más parvos° del lugar van a tener que abandonar la monotonía, el cigarro y la bebida para calzarse° el pantalón corto, las zapatillas,° y empezar a liquidar toxinas. Oportunidades de mostrar la forma alcanzada° no les van a faltar.° En Madrid, ya hay tres carreras populares en las que lucir el palmito.° A saber:° El Club Iberia ha organizado la primera Carrera Popular Virgen de Loreto. La prueba será el 23 de diciembre, sobre 12 kilómetros en carretera, con salida desde el campo de fútbol de Barajas, a las 11 de la mañana. Las inscripciones° serán gratuitas.° Todos los participantes tendrán su regalo, y los sesenta primeros clasificados un trofeo.° Habrá control de avituallamiento° y jueces° para controlar la carrera.

Las otras dos oportunidades con las que cuentan—volvemos a repetir—nuestros esforzados° «sport-men» son el día 29, con la San Silvestre Vallecana popular, y la del 30 del barrio de Rejas.

smallest
put on
sneakers
achieved / lack

show off / Such as

registration
free
trophy
food and drink / judges

courageous

Alberto Salazar gana el Maratón de Nueva York en 1981.

DE MILLAS [MILES] Y KILÓMETROS.   En todos los países hispanos y en la mayoría
de los países de Europa, se usa el sistema métrico. Ahora se dice que en los
Estados Unidos también se va a utilizar ese sistema. Muchos corredores ya
conocen el sistema métrico porque se usa en muchas carreras como las de 5.000
metros y 10.000 metros.

El sistema métrico

un centímetro
100 centímetros = un metro
1.000 metros = un kilómetro

Tabla de equivalencias

1 pulgada [*inch*] = 2,54 centímetros
1 pie = 30,48 centímetros
1 yarda = 0,914 metro
1 milla [*mile*] = 1,609 kilómetros

Preguntas para corredores y para los que no corren

1. El Club Iberia ha organizado una carrera de 12 kilómetros. ¿Cuántas millas
   son?
2. Un maratón consiste en 26,2 millas. ¿Cuántos kilómetros son?
3. Entre las ciudades más altas del mundo figuran tres capitales latinoamericanas:
   Bogotá, Colombia, que está a una altura [*height*] de 8.659 pies sobre el nivel
   del mar [*above sea level*]; La Paz, Bolivia, que está a 12.795 pies; y México,
   D. F., que está a 7.349 pies. ¿Qué es la altura de esas ciudades en metros?
4. En esas tres ciudades, ¿hay más oxígeno o menos oxígeno? ¿Es más fácil correr
   o más difícil?
5. ¿Corre Ud.? ¿Con que frecuencia? ¿Qué distancia corre Ud.? ¿Por qué corre?

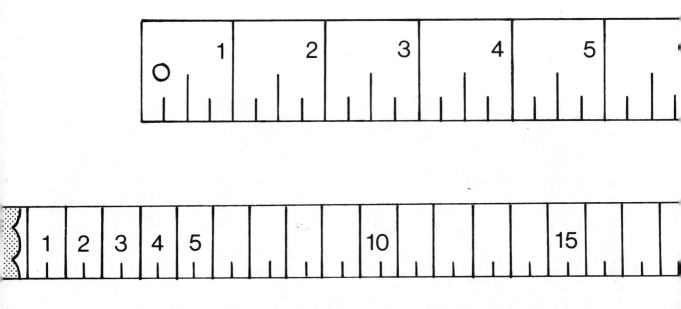

Una calle de La Paz.

Recorte   *¡Un día inolvidable!*

El 17 de noviembre salimos a correr. Grandes, chicos, hombres
y mujeres. Todos. No importó el mal tiempo; no importó la
lluvia. Corrimos para estar juntos, para respirar° bien, para vivir   *breathe*
mejor.

   Parecían° venir de todos lados.° No sólo de Buenos Aires;   *they seemed / everywhere*
algunos llegaron expresamente de Paraguay, Chile y Uruguay.
Otros vinieron de Chaco, Córdoba y Santa Fe° para correr siete   Provincias de la Argentina
kilómetros y medio° por las calles centrales de Buenos Aires   *half*
hasta los jardines de Palermo.° Resultó ser una fiesta como   un parque
pocas veces se vió en la capital argentina. Cinco mil personas
se unieron° en la pasión aeróbica y demostraron que, a pesar   *got together*
de° una lluvia implacable, había un espíritu indomeñable.°   *despite / indomitable*
Todos corrieron para mostrar que así, con esa práctica pre-
ventiva, alegremente, se puede vivir mejor.

   ¡Reacciones!   Cuando Ud. es espectador en un partido o en una prueba
deportiva, ¿cómo reacciona? ¿Aplaude? ¿Grita? ¿Y qué grita? Auquií tiene algunas
de las reacciones que se puede escuchar en español.

Ud. está contento(a):	¡Bravo!
	¡Fantástico!
	¡Estupendo!
Ud. quiere estimular a un equipo o a un jugador:	¡Dale!
	¡Vamos!
	¡Arriba!
Su jugador o equipo preferido no juega bien hoy:	¡Qué mala suerte!
	¡Qué lástima!
	¡Qué horror!

Escúchenme

¿Cómo reaccionará Ud. a las siguientes noticias deportivas? ¡A ver si toda la clase
tiene la misma reacción o si hay varias reacciones!

1. ¡Una mujer ganó el maratón de Boston por primera vez!
2. ¡El equipo de baloncesto de su escuela perdió su último partido!
3. ¡Guillermo Vilas ha ganado en los semifinales y ahora llega a Forest Hills!
4. ¡Faltan 5 minutos en el partido y el resultado es Oakland 10 y Nueva York 5!
5. ¡Una amiga suya va a ser miembro del equipo de esquí estadounidense en la
   próxima Olimpiada!
6. ¡El equipo norteamericano de fútbol va a participar en el Mundial!

De viajes y aventuras

g

● ●

PRIMERA PARTE **Las vacaciones**

¿Qué tiempo hace?

SEGUNDA PARTE **El viaje de egresados**

Viajar acampando

TERCERA PARTE **Los viajeros**

CUARTA PARTE **El turista hispano en los Estados Unidos**

PRIMERA PARTE

Las vacaciones

¿Cómo pasó Ud. las vacaciones este año? Por curiosidad mandamos una tarjeta postal con esa misma pregunta a varios amigos hispanos y recibimos las siguientes respuestas:

Carmen Domínguez (18 años, estudiante, Arequipa, Perú)

Después de tantos años de anticipación, ¡por fin hice el viaje de egresados!° Como buenos peruanos visitamos nuestro tesoro° nacional—Machu Picchu. ¡Una experiencia inolvidable!

graduation trip
treasure

Santiago Aguirre (38 años, comerciante, San José, Costa Rica)

Decidimos aprovecharnos° de los precios especiales que ofrecen las aerolíneas en los vuelos° a los Estado Unidos. Fuimos a la Florida porque allá tenemos parientes y amigos. Claro, llevamos a los chicos a Disneyworld (tan interesante para los grandes como para los chicos), e hicimos compras porque los precios son muy buenos. ¡Así que toda la familia lo pasó muy bien!

to take advantage of
flights

Mauro Silva (22 años, estudiante, Santiago, Chile)

Como tú sabes, vivir en la gran ciudad es siempre interesante, pero cuando estoy de vacaciones no quiero saber más de museos, teatros, restaurantes, etcétera. ¡No! Quiero escaparme totalmente de la civilización y volver a la naturaleza, respirar aire puro, y dormir bajo de las estrellas.° Por eso hice un viaje de camping con unos amigos y fuimos al sur de este país, a la región de los lagos. ¡Qué paisajes° más hermosos!

under the stars

landscapes

Ricardo Ayala (21 años, ingeniero, Los Angeles, California)

Después de recibir mi título de la universidad en junio, tuve que hacer lo inevitable—buscar empleo. Ahora estoy trabajando y me gusta tanto mi trabajo que todavía no he pensado en las vacaciones. Sin embargo, existe la posibilidad de que la compañía me mande a México en un viaje de negocios. . .

Machu Picchu.

María Leyva (28 años, química, Buenos Aires, Argentina)

¡Este año hice algo diferente! En vez de ir de vacaciones en el verano, ¡fui de vacaciones en el invierno! ¡Pasé dos semanas en Bariloche y por fin puedo decir que soy buena esquiadora!

VOCABULARIO

Para el viajero

Hacer un viaje:

en avión	en bicicleta
en barco [*boat*]	en motocicleta
en coche, en carro	en autobús
en tren	**echando dedo** [*hitchhiking*]

Para conocer estos lugares:
un país extranjero
su propio país (por ejemplo: los Estados Unidos)
un país vecino (por ejemplo: el Canadá o México)
una gran ciudad
el campo
un pueblo

Actividades de la gran ciudad:
conocer sitios históricos
ir a museos y catedrales
visitar sitios famosos (como mercados, el acuario, los monumentos, el
    jardín zoológico [*zoo*])
admirar la arquitectura (antigua o moderna)
asistir al teatro o a conciertos
comer en restaurantes
bailar en discotecas
hacer compras en almacenes (tiendas)

Teatro Infanta Isa
17
BUTA

MUSEO DE
ARTE MODERNO
CHAPULTEPEC

INBA

Nº

VALOR $ 5.oo
(Estudiantes)

Actividades del campo:
   apreciar **la naturaleza** [*nature*]
   escalar [*to climb*] **la montaña**
   esquiar en las montañas
   pescar [*to fish*] en los ríos
   nadar en los lagos
   explorar **la selva** [*jungle*]
   cazar [*to hunt*] **en el bosque** [*woods*]
   acampar en un parque nacional
   ir de excursión [*to hike*] en el desierto
   descansar en una **isla**
   ir surfing en el mar o en el océano
   estudiar sitios arqueológicos

ANTIGVA CASA
SOBRINO DE
BOTÍN

CASA FUNDADA
CALLE DE CUCHILLERO
TELEFONO 2 66 42 17

1558

Hay que llevar en el viaje:
    una maleta
    una mochila [*backpack*]
    un saco de dormir [*sleeping bag*]
    una cámara (**para sacar fotos**)
    un pasaporte u otros documentos
    un mapa
    cheques de viajero [*traveler's checks*]
    el billete (boleto) [*ticket*] de avión, de tren, etc.

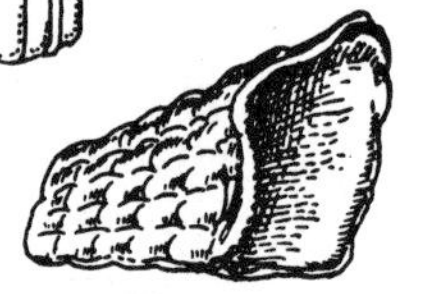

¿Dónde va a dormir?
    en un hotel o motel
    en una pensión (un pequeño hotel familiar)
    en una tienda de campaña [*tent*]
    bajo las estrellas [*under the stars*]

Mandamos a casa:
    un telegrama (¡Llegué bien!)
    una carta (¡Manda dinero!)
    una tarjeta postal (**¡Paisaje** [*scenery*] **magnífico!**)
    regalos
    recuerdos del viaje [*souvenirs*]

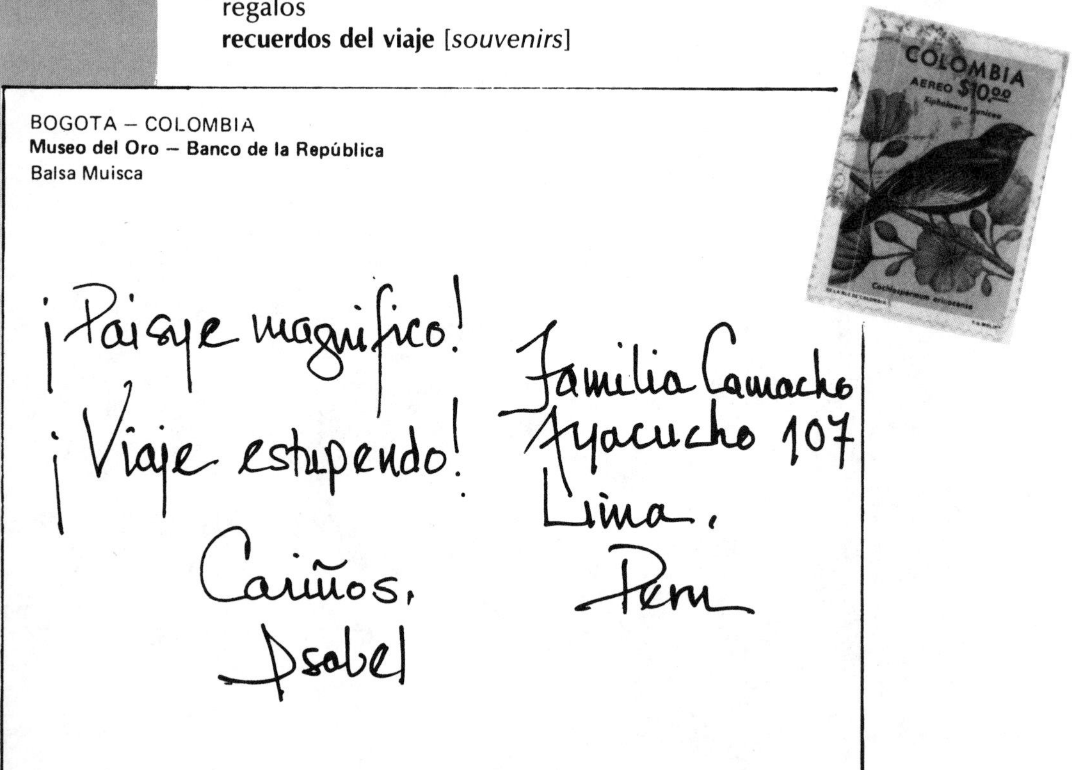

BOGOTA — COLOMBIA
Museo del Oro — Banco de la República
Balsa Muisca

¡Paisaje magnífico!
¡Viaje estupendo!
Cariños,
Isabel

Familia Camacho
Ayacucho 107
Lima,
Perú

Un aspecto muy importante de un viaje: El tiempo

el clima	**hace buen tiempo**
hace calor	**hace mal tiempo**
hace sol	**llover** [*to rain*], **la lluvia**
hace fresco	**nevar** [*to snow*], **la nieve**
hace frío	**está nublado** [*cloudy*]
hace viento	

ACTIVIDAD DE VOCABULARIO A: Para hacer bien. . .

Al hablar de viajes y aventuras se usan varias expresiones con el verbo **hacer.** Por ejemplo: Cuando Ud. quiere **hacer un viaje,** primero tiene que **hacer la maleta.** Si **hace buen tiempo** mientras Ud. está de vacaciones, generalmente Ud. tiene poco tiempo para **hacer compras.** Pero si **hace mal tiempo,** Ud. **hace muchas compras** y después descubre que ¡no puede cerrar la maleta!

Para practicar las expresiones con **hacer** y las formas del mismo verbo, indique la forma correcta después de leer las frases con mucho cuidado:

1. La Federación puede organizar el viaje y ____ los contactos.
2. Hace muchos años, cuando eran jóvenes, ellos ____ excursiones en automóvil por los alrededores de la ciudad.
3. Después ellos ____ viajes al interior del país.
4. Los Ponzevoy ____ funcionar las cámaras filmadoras.
5. El éxito de la excursión dependía de la habilidad para ____ y deshacer maletas en tres minutos.
6. Nunca ____ mucho frío; era un clima ideal.
7. ____ Ud. sus compras por la mañana porque esta tarde queremos ____ una excursión al parque nacional que queda cerca de aquí.
8. ¿Ya has ____ un viaje al Oriente?

ACTIVIDAD DE VOCABULARIO B: Lugares apropiados

A continuación encontrará dos listas del vocabulario que se encuentra en este capítulo, una de verbos y otra de sustantivos. Combine un verbo con un sustantivo para formar una expresión lógica. Claro, hay varias combinaciones posibles. ¡A ver cuántas Ud. puede formar! (Ejemplo: nadar en el mar)

conocer	almacenes
apreciar	sitios arqueológicos
mirar	sitios históricos
escalar	el mar
visitar	el teatro
esquiar	un concierto
admirar	un parque nacional
pescar	las catedrales
ir	una isla
patinar	el bosque
comer	los lagos
nadar	los museos
descansar	los sitios famosos
bailar	el desierto
cazar	la selva
hacer compras	la arquitectura
explorar	los ríos
acampar	los restaurantes
ir surfing	las montañas
estudiar	las discotecas
asistir	la naturaleza

ACTIVIDAD DE VOCABULARIO C: Medios de transporte

En este rompecabezas [*puzzle*] de letras están escondidos los nombres de ocho medios de transporte. Aparecen en forma horizontal o en forma vertical, y una letra puede formar parte de más de una palabra. Busque las ocho palabras.

```
A  B  X  Y  C  R  A  M  E  E  I  Z  M
H  E  L  I  O  L  A  N  C  H  A  D  O
O  O  B  U  C  A  M  I  O  N  S  D  T
R  H  E  C  H  A  N  D  O  D  E  D  O
P  F  M  N  E  V  I  O  I  O  J  G  C
A  M  B  I  C  I  C  L  E  T  A  N  I
L  P  A  U  T  O  B  U  S  Y  U  S  C
Q  U  T  R  E  N  A  V  R  P  E  I  L
A  E  I  O  U  Q  R  U  U  P  R  Y  E
B  N  E  A  C  C  C  L  J  G  G  C  T
X  S  R  I  O  N  O  C  Q  S  D  J  A
```

ACTIVIDAD DE VOCABULARIO D: ¡Qué problema!

Hay muchas palabras en español que terminan con las letras **-ma** que son masculinas y que llevan un artículo masculino **(el, un).** A ver cuántas Ud. puede encontrar en las frases que siguen. Para ayudarlo, aparecen las primeras tres o cuatro letras de las palabras. (*Secreto:* ¡Todas son cognados!)

El turista que habla el idio ____ de un país no tiene ningún prob ____, pero para el turista que habla solamente una lengua, todo es un dra ____. No puede participar en conversaciones aburridas sobre el cli ____ , no puede quejarse del sist ____ de transporte público, no puede hacer nada, ni siquiera mandar un tele ____ .

Horizontal: camión, bicicleta, autobús, tren; *Vertical:* coche, avión, barco, motocicleta

ACTIVIDAD PERSONAL: Sus viajes y aventuras

1. ¿Cuál es su modo preferido de viajar? ¿Cómo ha viajado? ¿Cómo le gustaría viajar?
2. ¿A dónde ha viajado Ud.? ¿A dónde le gustaría viajar?
3. ¿Cuáles son sus actividades preferidas cuando Ud. está en la gran ciudad?
4. ¿Qué actividades del campo prefiere Ud.? ¿Hay alguna actividad del campo que nunca ha hecho pero que le gustaría hacer?
5. En su opinión, ¿qué es necesario llevar en un viaje?
6. ¿Cuál prefiere Ud.? ¿Un viaje lujoso [*luxurious*] o un viaje sin lujos, acampando? ¿Por qué?
7. ¿Le afecta a Ud. el tiempo? ¿Cómo?

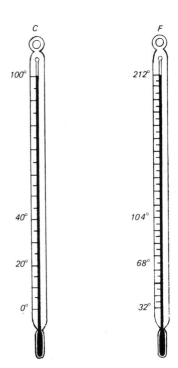

¿Qué tiempo hace?

Vamos a suponer que Ud. está planeando un viaje a España para el verano entrante. Como buen viajero, Ud. pide información de varias agencias de turismo. Entre otras cosas, es muy importante saber la temperatura que le espera porque ésta va a determinar el tipo y la cantidad de ropa que tiene que llevar. Pero, ¡qué cosa! En todos los esquemas° en los folletos° que le mandan, se da la temperatura en grados° Celsius. ¿Y por qué no? El sistema de grados Celsius, o centígrados, para medir la temperatura forma parte del sistema métrico utilizado en casi todas partes del mundo. En los Estados Unidos siempre se ha dado la temperatura en grados Farenheit, pero ahora se dan la temperatura y el pronóstico° en grados Farenheit y Celsius.

charts / brochures
degrees

forecast

Para entender mejor el sistema Celsius, hay que tener en cuenta la siguiente formula: °C = (°F − 32) × 5/9, recordando que 32°F, el punto de congelación,° corresponden a 0°C, y que 212°F corresponden a 100°C, el punto de ebullición° del agua al nivel del mar.°

freezing
boiling point
sea level

ACTIVIDAD: La meteorología

1. ¿Cuál es la temperatura de hoy en centígrados?
2. ¿Cuál es la temperatura promedio [*average*] de su región en enero? ¿en mayo? ¿en agosto? ¿en octubre?
3. La temperatura normal del ser humano es 98,6°F. ¿Cuál es el equivalente en centígrados?
4. ¿A qué temperatura (Celsius) se encuentra Ud. más cómodo? ¿más incómodo? ¿más enérgico? ¿más letárgico?

ACTIVIDAD: Siempre se puede hablar del tiempo

1. Dé una descripción general del clima de su región, mencionando las siguientes características:

   a. la temperatura promedio en el invierno
   b. la temperatura promedio en el verano
   c. la temperatura promedio en la primavera
   d. la temperatura promedio en el otoño
   e. el porcentaje de días lluviosos [*rainy*]
   f. la fuerza del viento
   g. el porcentaje de días nublados [*cloudy*]

2. ¿Le gusta el clima de la región donde vive? ¿Por qué? ¿Por qué no?

SEGUNDA PARTE

El viaje de egresados°

Cuando los chicos y chicas de secundaria° empiezan a vender
rifas° a todos los miembros de la familia, pedir contribuciones
y buscar objetos para vender, significa que ha llegado el momento de organizar el viaje de egresados. Algunos cursos co-
mienzan a hacerlo desde primero o segundo año; otros, los
menos diligentes, recién en quinto.

    Pero en casi todos los casos el dinero reunido no es sufi-
ciente para cubrir° las necesidades y los padres se ven obli-
gados, a último momento, a hacer donaciones más o menos
generosas.

    Y los chicos, para quienes siempre cualquier excusa es ex-
celente para dejar los libros por un momento, tienen inter-
minables discusiones sobre el lugar a elegir,° en qué época°
del año viajar, cuántos días durará° el viaje y otras considera-
ciones por el estilo.° Un punto difícil para el grupo es la
cuestión de ir solo o acompañado por una persona mayor. Por
supuesto que, según el criterio de los jóvenes, ésto quedaría
totalmente fuera de toda discusión, pero a veces los padres o
las autoridades del colegio no se dejan convencer con las promesas y juramentos° de conducta ejemplar e insisten en que
viajen con alguien responsable. Enconces comienza la delicada
tarea° de elegir algunos padres, madres o profesores lo suficientemente «flexibles» para saber cuidarlos sin que ellos se
den cuenta.°

    En efecto, el viaje de egresados, último recuerdo de la in-
olvidable° época de estudiante, es cuidadosamente organizado
como para que nada pueda enturbiar° la alegría que los adolescentes se están prometiendo° desde que comenzaron el primer
día del primer año.

graduation

high school
raffles

to cover

to choose / time
will last
of that kind

oaths

task

notice

unforgettable
to disturb
promising themselves

¿A dónde van los egresados y cómo viajan? La mayoría de los viajes tienen como destinación un sitio de interés dentro del mismo país. De este modo los estudiantes tienen la oportunidad de conocer otras ciudades, o lugares históricos, o regiones de gran belleza° natural de su propio país. Uno de los lugares preferidos de los estudiantes peruanos, por ejemplo, es Machu Picchu, una ciudad abandonada que hace muchos años fue una capital importante del imperio° de los Incas. Muchos estudiantes argentinos organizan el viaje de egresados para el mes de julio para poder esquiar en Bariloche, una región en el sur del país donde se extienden los Andes. Y como en todas partes—los de las ciudades quieren ir al campo, los del campo quieren gozar de la vida urbana, y muchos quieren conocer la capital de sus respectivos países.

beauty

empire

ACTIVIDAD: El viaje de egresados, estilo norteamericano

1. ¿Hizo Ud. un viaje de egresados con su clase de la escuela secundaria? Si la respuesta es «No», conteste la pregunta 2. Si la respuesta es «Sí», conteste la pregunta 3.
2. Si Ud. ha contestado «No» a la pregunta número 1, éste es el momento de utilizar su imaginación. Vamos a imaginar que su clase podría hacer un viaje de egresados. ¿A dónde le gustaría ir? ¿Por qué le interesa a Ud. ese lugar? ¿Cómo viajaría? ¿Qué haria?
3. Ud. ha contestado «Sí» a la pregunta número 1. ¿A dónde fue su clase en el viaje de egresados? ¿Por cuánto tiempo? ¿Cómo viajaron? ¿Quién los acompañó? ¿Cómo ganaron Uds. el dinero para pagar el viaje? ¿Cuál fue el momento más divertido del viaje? ¿Cuál fue el momento más interesante? ¿Cuál fue el momento más aburrido? ¿Cuál fue el momento más inolvidable?

Recorte *Viajar acampando*

Ahora que se acerca el buen tiempo, con permiso de los señores meteorólogos, tenemos una buena información para los amigos de acampar. Desde hace veinticinco años viene funcionando en Madrid la Federación Internacional de Camping, que ofrece varios servicios a los interesados en viajar con casa propia. Esta federación facilita dos tipos diferentes de carné:

- Carné Internacional de Camping, que es una tarjeta° de presentación internacional con seguro° de responsabilidad civil y daños a terceros° por un valor de hasta 134.000 francos suizos.

  card
  insurance
  third-party damage

- Certificado de presentación nacional. Para fomentar° el desarrollo° de la acampada libre en España.

  encourage
  development

En sus oficinas la federación nos ofrece toda aquella información que puede facilitar la organización de un viaje, así como° los itinerarios más adecuados para los gustos de los asociados.

such as

Si nos asusta° la idea de enfrentarnos° con lo desconocido,° en la propia federación pueden organizar el viaje y hacer los contactos y reservas° oportunas, lo que evitará° más tarde sorpresas desagradables.

frightens us / facing / the unknown

reservations / will avoid

Naturalmente, y ya que nada es perfecto, para poder obtener estos servicios es necesario ser miembro del club.

También los amigos del viaje barato tienen su rinconcito° en   *little corner*
el club. Por 500 pesetas anuales se puede obtener el carné de
Auto-Stop,[1] que además de resultar una grata° sorpresa para   *pleasant*
los conductores, ofrece una póliza° de seguros por accidente   *policy*
y de gastos sanitarios.

[1] Es un carné para los que viajan echando dedo. Les ofrece cierta seguridad al
   conductor del vehículo y a su pasajero.

ACTIVIDAD: ¿Le gusta acampar?

1. ¿Es Ud. miembro de un club de camping?
2. ¿Qué documentos necesita Ud. para acampar?
3. ¿Qué documentos necesita Ud. para pasar una noche en un albergue juvenil [*youth hostel*]?
4. ¿Le gusta viajar acampando? ¿Dónde? ¿En el verano o en el invierno?

ACTIVIDAD: Puntos de vista

Cada uno a su gusto, se dice en español, y este refrán tiene tanta verdad en asuntos de viajar como en otras cuestiones de gusto. Forme cuatro grupos dentro de la clase. Los miembros de cada grupo van a tratar de convencer a los demás de la clase que su modo de viajar es superior a los otros modos. Los temas son los siguientes:

- Acampar, pasando la noche en una tienda de campaña.
- Viajar en bicicleta, pasando la noche en un albergue juvenil.
- Viajar en coche, pasando la noche en hoteles o moteles.
- Viajar en avión, pasando la noche en hoteles.

Si Uds. no están contentos con las clasificaciones de los grupos y quieren crear otras o combinarlas, ¡háganlo! Ahora, traten de convencer a sus compañeros de clase de las ventajas de su modo de viajar y de las desventajas de los otros modos.

TERCERA PARTE

¡A prepararse!

¿Cuál es el motivo de viajar? En el siguiente cuento el famoso cuentista y novelista argentino, Marco Denevi, nos presenta a los señores Ponzevoy que dedican la vida a viajar y. . . Pero antes de leer el cuento, será útil presentar algunas palabras que parecen nuevas, pero que, en realidad, están relacionadas o son del mismo grupo que las palabras que Uds. ya conocen. Escojan el grupo de palabras de la Columna A que mejor corresponda a la descripción de las letras en la Columna B.

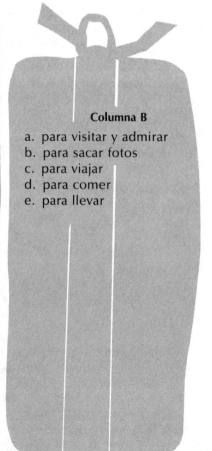

Columna A

1. automóvil, ómnibus, ferrocarril
2. maletín, bolsón, valija, baúl
3. frutas, pescados, dulce, hongos
4. museos, iglesias, cementerios
5. aparato fotográfico, cámara filmadora

Columna B

a. para visitar y admirar
b. para sacar fotos
c. para viajar
d. para comer
e. para llevar

Los viajeros

El matrimonio Ponzevoy, gente encantadora, tiene la manía de viajar. No le falta° dinero y puede darse ese lujo.° Empezaron hace muchos años, cuando aún eran jóvenes. Entonces hacían excursiones en automóvil por los alrededores° de la ciudad. Visitaban pueblecitos, los balnearios° de la costa del río. Volvían cargados de caracoles,° de frutas, de pescados, en tales° cantidades que la mayor parte de las frutas y los pescados iban a la basura.° *lack / luxury*

outskirts
beach resorts
loaded down with snails
such
garbage

Después hicieron viajes al interior del país. Utilizaban el servicio de ómnibus y ya no llevaban consigo simples bolsones sino maletines de fibra. Había que oírlos, a la vuelta:° hablaban entusiastamente de iglesias, de cementerios, de museos. Abrían los maletines y aparecían frascos° de dulce,° hongos,° mates, bombillas de plata,[1] ponchos, facones,[2] tarjetas postales. Los amontonaban° en un rincón° y ya no les prestaban atención alguna porque preferían hacernos el relato° de sus aventuras. A través de° sus palabras uno adivinaba° que no habían permanecido° más de uno o dos días en cada ciudad y que ese tiempo lo habían dedicado a las visitas a los museos, a las iglesias y a los cementerios y a comprar lo que ellos llamaban *souvenirs*.

return

jars / jam / mushrooms

piled up / corner
to tell the story
Through / guessed
stayed

Más tarde recorrieron° el continente, cada año un país distinto. Viajaban en ferrocarril, cargados de valijas de cuero. Ya tenían un aparato fotográfico y al regresar nos mostraban tantas fotografías que era imposible verlas todas. También nos mostraban los *souvenirs*. Pero jamás, lo anoto entre paréntesis, nos trajeron un modesto regalito.

travelled through

Si alguien les preguntaba:

—¿Y la gente? ¿Cómo es la gente allí? ¿Es hermosa, es fea? ¿Es triste? ¿Es amable? ¿Qué piensa? ¿Cómo vive?

Ponían cara de fastidio:°

—La gente es la misma en todas partes—y añadían, sonriendo:—En cambio, qué edificación.° Trescientas cincuenta y cuatro iglesias, cinco museos, un cementerio de veinte hectáreas.[3]

annoyance

building

Aclaro que, al cabo de° varios viajes, la casa de los Ponzevoy estaba tan atestada de° objetos de toda clase que tuvieron que deshacerse° de los muebles.

at the end of
crowded with
get rid of

---

[1] **mates. . . plata**   The **maté** is a hollowed-out gourd used for serving **maté**, an herb tea, which is sipped through a thin silver tube, **la bombilla de plata**.
[2] **facones**   El **facón** is a sharp knife carried by gauchos.
[3] **veinte hectares**   approx. 50 acres

El matrimonio fue a Europa en avión. Ya no llevaban valijas sino baúles. Regresaron con montañas de *souvenirs*, a tal punto° que se mudaron° a una casa más grande, pues ahora los *souvenirs* incluían relojes, cuadros,° alfombras,° espejos°, urnas, tapices,° estatuas de tamaño natural,° un trozo° de columna del Partenón, mosaicos robados de la villa de Adriano en Tivoli y los inevitables ceniceros.° En cuanto a las fotografías, que eran cientos, nadie las vio. La señora Ponzevoy dijo:

—Más adelante.°

Y las guardó° dentro de las urnas.

Los viajes se sucedieron uno tras otro° y por esa causa el matrimonio no pudo tener hijos ni asistir al entierro° de sus parientes. Iban a Europa, al Asia y al Africa. Permanecían en Buenos Aires apenas° una semana, de la cual tres días los dedicaban a desembalar° los *souvenirs* y el resto a hacer los preparativos para la próxima expedición a lugares cada vez más lejanos, más exóticos: Ubangui, Nagar Ave, Marie Galante. Disponían° no sólo de varios aparatos fotográficos sino también de cámaras filmadoras, pero jamás proyectaron las películas. No había tiempo, en una semana, de ver la proyección de miles

to such an extent / they moved
paintings / rugs / mirrors
tapestries / life-size / piece

ashtrays

Later on.
put them away
one after another
burial

hardly
unpack

they owned

de metros de celuloide, ni una pared° libre donde desplegar°   *wall / unfold*
la pantalla.

Además mezclaban° los idiomas:—*I think*—decían—que   *they mixed*
quello cimitero° estaba en *les environs*° del *Gemeinderat*.°   *italiano / francés / alemán*

Cuando nos veían no nos reconocían.—¿Quién es usted?—
preguntaban—¿Dónde lo vi? ¿En Tarcoola Goldfield o en Axixá?

Sé que tienen el estómago arruinado por las comidas de-
voradas a toda prisa en los hoteles y en los aeropuertos. La
señora Ponzevoy sufre de flebitis y el señor Ponzevoy de callos
plantales° de tanto caminar por los museos, por las iglesias y   *calluses on the soles*
cementerios. Los bruscos cambios de clima les han afectado
los pulmones.° Entretanto° en su casa ya no cabe un alfiler.°   *lungs / Meanwhile / a pin doesn't fit*
Los rollos de celuloide se entretejen° como trenzas° y no hay   *twisted / braids*
forma de desenredarlos.° Las fotos cubren el piso, la mayoría   *untangle*
rotas. Hay por todas partes baúles sin abrir, llenos de recuerdos
de viaje.

Ultimamente el matrimonio Ponzevoy padece° graves con-   *sufre de*
fusiones. Cuando llegan a Buenos Aires de vuelta de Big Stone
City o de Mukauuar, preguntan:

—¿Cuál es el nombre de *cette ville?*° Es muy hermosa. ¿Dónde   *francés*
están sus iglesias, sus *museums*, sus *cimiteri?*°   *italiano*

Toman fotografías, hacen funcionar las cámaras filmadoras.
Es necesario guiarlos° hasta su casa. Al entrar gritan:—¡Won-   *to lead them*
derful! ¡Cuántos *souvenirs*! ¡Los compramos!

Han olvidado quiénes son. El otro día los vi. Entraban en el
Museo de Bellas Artes. Me acerqué,° los llamé: *went up to them*

—Señora Ponzevoy, señor Ponzevoy.

La mujer frunció el entrecejo° y miró al marido.   *wrinkled her brow*

—¿Ponzevoy?

—¿Ya no te *souviens pas?*° Una isla del Caribe.   *francés*

—*You are wrong*, como siempre. Una aldea° del Kurdistán.   *pueblo pequeño*

—Estuvimos allí en 1958. ¿Ja°   *alemán*

—*Mio caro,*° en 1965.   *italiano*

Los dejé discutiendo agriamente.°   *bitterly*

ACTIVIDAD: Perspectivas de viajar

Todas las frases que siguen son falsas porque tienen un error. Repase su comprensión de la lectura corrigiéndolas.

1. El matrimonio Ponzevoy no tenía dinero, no tenía hijos y no tenía interés en
   viajar.
2. Su primer viaje fue a Europa en avión.
3. Los Ponzevoy pasaban mucho tiempo en las ciudades que visitaban.
4. Los Ponzevoy compraban muchas cosas para regalar a sus amigos.
5. Siempre mostraban las fotos de sus viajes a sus amigos.

6. Tenían interés en visitar los museos, las iglesias, los jardines zoológicos y los cementerios de las ciudades que visitaban.
7. Querían conocer a la gente de otros países porque querían conocer a gente diferente.
8. Los Ponzevoy hablaban bien el español, el inglés, el alemán, el francés y el italiano.
9. Los Ponzevoy sufren de mala salud porque el clima de su país es malo.
10. El matrimonio Ponzevoy ha aprendido mucho en sus viajes.

LA PALABRA ESCRITA: **Recuerdos a todos. . .**

¡A todo el mundo le gusta recibir correspondencia! Imagínese que Ud. está de viaje o acuérdese de un viaje que ha hecho y mande tajetas postales a cuatro personas. Identifique el lugar de donde escribe y las personas. Y si ellos no entienden el español, ¡no importa! Ud. siempre puede traducir las postales al volver a casa.

ALGUNAS SUGERENCIAS: sus padres, sus hermanos, sus amigos, algún amigo o alguna amiga especial, un novio o una novia, sus abuelos, su profesor(a) de español, su perro. . .

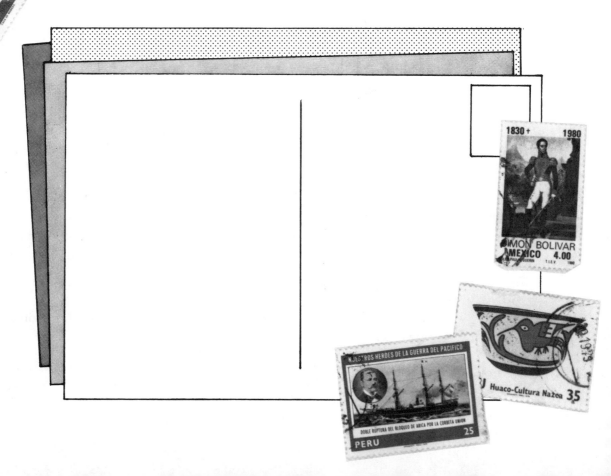

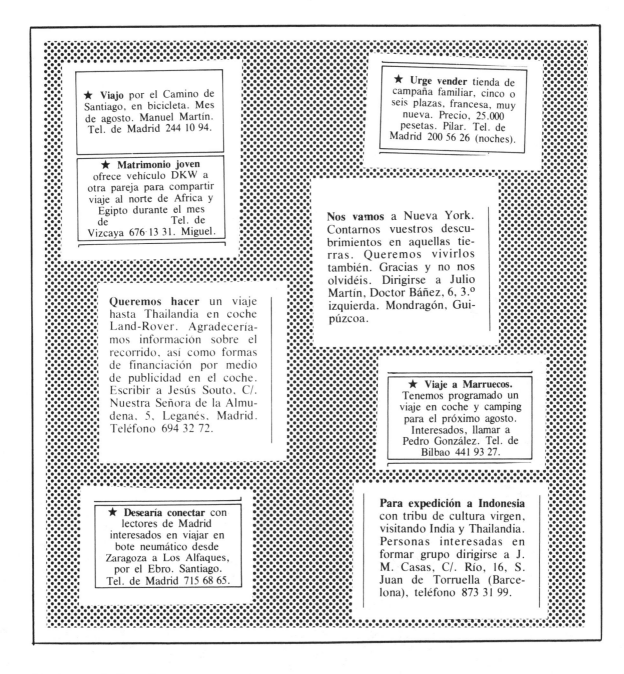

★ **Viajo** por el Camino de Santiago, en bicicleta. Mes de agosto. Manuel Martín. Tel. de Madrid 244 10 94.

★ **Matrimonio joven** ofrece vehículo DKW a otra pareja para compartir viaje al norte de Africa y Egipto durante el mes de Tel. de Vizcaya 676 13 31. Miguel.

★ **Urge vender** tienda de campaña familiar, cinco o seis plazas, francesa, muy nueva. Precio, 25.000 pesetas. Pilar. Tel. de Madrid 200 56 26 (noches).

Nos vamos a Nueva York. Contarnos vuestros descubrimientos en aquellas tierras. Queremos vivirlos también. Gracias y no nos olvidéis. Dirigirse a Julio Martín, Doctor Báñez, 6, 3.º izquierda. Mondragón, Guipúzcoa.

Queremos hacer un viaje hasta Thailandia en coche Land-Rover. Agradeceríamos información sobre el recorrido, así como formas de financiación por medio de publicidad en el coche. Escribir a Jesús Souto, C/. Nuestra Señora de la Almudena, 5, Leganés, Madrid. Teléfono 694 32 72.

★ **Viaje a Marruecos.** Tenemos programado un viaje en coche y camping para el próximo agosto. Interesados, llamar a Pedro González. Tel. de Bilbao 441 93 27.

★ **Desearía conectar** con lectores de Madrid interesados en viajar en bote neumático desde Zaragoza a Los Alfaques, por el Ebro. Santiago. Tel. de Madrid 715 68 65.

Para expedición a Indonesia con tribu de cultura virgen, visitando India y Thailandia. Personas interesadas en formar grupo dirigirse a J. M. Casas, C/. Río, 16, S. Juan de Torruella (Barcelona), teléfono 873 31 99.

Y tú, ¿qué dices?

Estos anuncios aparecieron en una revista española que se dedica al turismo. Con otra persona, escoja Ud. el anuncio que le gustaría contestar y llame al número indicado en el anuncio. La persona que llama (Ud.), tiene muchas preguntas. La persona que ha puesto el anuncio (su compañero de clase), tiene que contestarlas. ¡A ver lo que resulta entre la persona que ha puesto el anuncio y la persona que lo contesta!

U.S.A.
Datos Informativos

GREYHOUND AMERIPASS

LOS ESTADOS U
ESTAN A LA VE
Y TAMBIEN CA

**Viajes ilimitados a todos
Estados Unidos y Cana**

No hay nada como un Ameripass d
cuando usted desea realmente disf

CUARTA PARTE

El turista hispano en los Estados Unidos

Una de las industrias norteamericanas que ha logrado° un au-
mento° muy grande en los últimos cinco años es la del turismo.
Cada año más y más latinoamericanos y europeos vienen a
visitar los Estados Unidos. Llegan solos o en grupos, se quedan
en hoteles o van de camping, visitan las grandes ciudades como
Nueva York, Miami y Los Ángeles o van a ver las maravillas° de
la naturaleza como el Grand Canyon de Colorado y los parques
nacionales, y compran muchas cosas para llevar a casa. Y
cuando la industria turística crece,° también aumentan las
oportunidades para empleo y el ingreso° nacional de los Estados Unidos.

    El turista europeo o latinoamericano no sólo quiere conocer
las maravillas de la naturaleza y las maravillas del hombre que
ofrece los Estados Unidos. También quiere conocer a la gente
norteamericana, ver cómo vive, saber cómo piensa y conocer
su cultura.

achieved
increase

wonders

grows
income

173

ACTIVIDAD: ¡Ud. es el(la) anfitrión(a)!

Vamos a suponer que dos estudiantes latinoamericanos o españoles están de viaje en los Estados Unidos y que van a pasar una semana en su ciudad o región. Como Uds. hablan español, Uds. van a ser sus anfitriones. Hagan Uds. un plan de actividades para sus visitantes que les dé una buena idea de cómo es su región (una distancia de $\pm$ 75 kilómetros de su casa), de cómo vive la gente, de cómo es la cultura regional y de cómo piensa la población. Los aspectos que se pueden tener en cuenta son los siguientes:

1. Sitios históricos.
2. Paisajes interesantes o maravillas de la naturaleza.
3. Participación en actividades.
4. Costumbres regionales como festivales, ferias, etc.
5. La vida familiar.
6. La comida.
7. La industria de la región.
8. Las diversiones.
9. La vida cultural.
10. El clima.

Si Uds. quieren, se puede dividir la clase en grupos de 2 o 3 personas y cada grupo puede encargarse de un aspecto de la lista y explicarlo a la clase.

Sobre ecología y energía

9

PRIMERA PARTE   **¿Qué es la OPEP?**

Otras formas de energía

Habla el señor Aurelio Peccei

SEGUNDA PARTE   **El hombre se suicida**

El aspirante a árbol

Expertos aconsejan conservar energía

Usted es nuestro foco de atención.

por favor apaga la luz que no necesitas

A fin de combatir
la escasez de alimentos,
debe aumentarse la
productividad de la tierra

VOCABULARIO

Los titulares° de nuestra época

headlines

¡La contaminación [*pollution*] de la tierra, del agua, del aire y del **alimento**
[*food*]!
contaminar el agua
el medio ambiente [*environment*] contaminado
¡La conservación de **los recursos** [*resources*] naturales!
conservar **las fuentes** [*sources*] de energía
la gasolina conservada

¡El ahorro [*saving*] de electricidad!
ahorrar energía
apagar **la refrigeración** (aire acondicionado) [*air conditioning*]
no prender **la calefacción** [*heat*]
la energía ahorrada

¡El desperdicio, el derroche [*waste*] de alimentos!
desperdiciar, derrochar, malgastar [*to waste*] agua
la energía derrochada, malgastada

¡La supervivencia [*survival*] del hombre en un mundo **sobrepoblado**
[*overpopulated*]!
sobrevivir [*to survive*] en el mundo

¡La disminución [*decrease*] de recursos!
disminuir el derroche de gasolina
una cantidad disminuída

¡El aumento [*increase*] de la productividad!
aumentar la producción
la población [*population*] aumentada

¡El desarrollo [*development*] de formas alternativas!
desarrollar una idea
los países desarrollados

¡Las enfermedades [*illnesses*] resultan de la contaminación!
enfermarse [*to get sick*] del agua
los niños enfermos

¡La escasez [*scarcity*] **de petróleo** [*oil*]!
Las fuentes **escasas** [*scarce, few*]

¡Hay que **prevenir** [*to prevent*] el derroche de petróleo!
¡Hay que **evitar** [*to avoid*] una crisis de energía!
¡Hay que **eliminar** la contaminación!
¡Hay que **mantener** [*maintain*] **el equilibrio** [*balance*] de la naturaleza!

ACTIVIDAD DE VOCABULARIO A: La forma apropiada

Indique la palabra apropiada para los espacios indicados. A veces es necesario conjugar el verbo o cambiar el número o el género.

1. (*ecología, ecólogo, ecológico*)

   Los ____ estudian los efectos ____ de la contaminación. Yo también quiero estudiar la ____ .

2. (*contaminación, contaminar, contaminado*)

   En algunas ciudades la ____ del aire es muy grave, el agua está ____ , y la gente ____ el aire todavía más con sus coches.

3. (*derroche, derrochar, derrochado*)

   No se puede continuar el ____ de los recursos. En algunas partes la energía ____ sería suficiente para iluminar otra ciudad o pueblo. ¡No hay que ____ la energía!

4. (*desarrollo, desarrollar, desarrollado*)

   Los países ____ tratan de ____ formas alternativas de energía. El ____ del futuro depende de eso.

5. (*enfermedades, enfermarse, enfermo*)

   Hay varias ____ que se atribuyen a la contaminación. Los niños ____ están en el hospital. Ellos ____ cuando comieron en la cafetería de la escuela.

—¡Todo el campo contaminado por los despojos! ¿Es que no te importa nada la ecología?

ACTIVIDAD DE VOCABULARIO B: Al contrario

Hay varias palabras en el vocabulario que son antónimos o que significan lo opuesto. Termine la frase con el antónimo de la palabra en italicas.

1. Todos tratan de *conservar* los recursos naturales. Lamentablemente, hay algunos que los ____ .
2. ¡Parece que los precios siempre *aumentan* y nunca ____ !
3. Antes había una *abundancia* de petróleo; ahora hay una ____ .
4. ¿Vas a *prender* la calefacción? No, acabo de ____ la.
5. ¡Qué familia más curiosa! Un hermano *ahorra* su dinero y el otro lo ____ .
6. El deterioro del medio ambiente produce el *desequilibrio* ecológico. El ____ de la naturaleza es muy frágil.

No malgaste energías

Contribuya a conservar la energía, apagando todas las luces y aparatos al salir de la habitación.
Tenga las ventanas cerradas cuando la calefacción o refrigeración estén funcionando y emplee, únicamente, el agua que necesite.
GRACIAS POR NO MALGASTAR ENERGIA.

Centro de Estudios de la Energía

HERCAIP Artes Gráficas - Depósito Legal: M. 25.006 - 1978

Recorte   *¿Qué es la OPEP?*

OPEP es uno de los organismos internacionales que ha dominado la atención mundial en la presente década. Son las siglas° de la Organización de Países Exportadores de Petróleo, una organización intergubernamental de 13 naciones miembros— Arabia Saudita, Argelia,° Ecuador, Emiratos Árabes Unidos, Gabón, Indonesia, Irán, Irak, Kuwait, Libia, Nigeria, Qatar y Venezuela. Estos países controlan más del 80 por ciento del comercio mundial de petróleo, la mitad° de la producción y casi el 70 por ciento de las reservas petroleras.

initials

Algeria

half

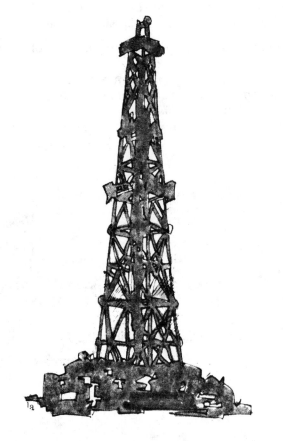

El Sector Petrolero Venezolano

OPEP: Plataforma de un Nuevo Orden Económico Internacional

Aunque México todavía no es miembro de la OPEP, ese país
tiene grandes reservas de petróleo. En 1979 su producción de
petróleo llegó a 1.8 millones de barriles,° y para 1990 subirá°   *barrels / will rise*
a entre 4 y 5 millones. Con esa producción tendrá suficiente
para satisfacer su consumo doméstico y para exportar a otros
países.

ACTIVIDAD: Mesa redonda

¿Cómo le afectan personalmente las acciones de OPEP?

Recorte *Otras formas de energía*

La causa más visible del deterioro de la economía mundial es el agotamiento° del petróleo, fuente fundamental de energía. La inflación, el desempleo,° la crisis alimenticia y la carrera armamentista° contribuyen a agravar todo.

exhaustion
unemployment
arms race

Los expertos opinan que durante la década de los '80 todavía no será posible sustituir el petróleo por otras fuentes de energía, como la nuclear y la solar; tal cosa ocurrirá, cuando más pronto,° dentro de 20 años. Después del accidente de la Isla de Tres Millas en los Estados Unidos, el uso generalizado de la energía nuclear está en entredicho° y ha dado origen a profundos y violentos desacuerdos.° Algunos países han decretado una moratoria nuclear indefinida; en tanto que° Brasil, Argentina y otros países del Tercer Mundo carentes de° petróleo, al igual que la Unión Soviética y Francia, han decidido arrostrar° el riesgo° de contaminar su territorio en caso de accidentes nucleares, y han proseguido° la construcción e instalación de plantas atómicas.

at the earliest

in question
disagreements
while
lacking

to face / risk
have continued

ACTIVIDAD: Debate

La energía nuclear: ¿la esperanza [*hope*] o la amenaza [*threat*] del futuro? Forme dos equipos para debatir este tema en forma no violenta.

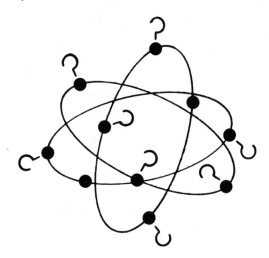

Entrevista *Habla el señor Aurelio Peccei*

El Club de Roma fue fundado° en abril de 1968 por iniciativa *was founded*
de un grupo de personas vinculadas° al mundo de la cultura *connected*
y de la ciencia, preocupadas frente a la acentuación de problemas mundiales que la política y las instituciones tradicion-
ales no pueden afrontar° éxitosamente. Su sede° está en Suiza,° *to confront / headquarters / Switzerland*
y cuenta con un número de miembros limitado a cien. Entre
ellos se encuentran humanistas, científicos, educadores, fun-
cionarios públicos° y dirigentes° de estatura mundial, prove- *public officials / líderes*
nientes° de más de cuarenta países de todos los continentes. *originating*

La acción de los cien socios° del Club de Roma se imple- *miembros*
menta a través de° informes periódicos° sobre temas globales *through / periodic reports*
de importancia, desde los límites del desarrollo hasta la
búsqueda° de un nuevo orden internacional, pasando por el *search*
análisis de problemas candentes,° como la crisis de la energía, *burning*
la capacidad de aprendizaje° de los seres humanos, la geo- *training*
política internacional y los objetivos de la humanidad.

Su presidente es el profesor Aurelio Peccei. En esta entrevista, el profesor Peccei responde a varias preguntas que se
refieren a la cuestión de la energía actual.° *de hoy*

ENTREVISTADOR: ¿Será determinante para el agravamiento de la
crisis mundial la cuestión de la energía?

PROFESOR P.: La cuestión de la energía es el precio que la
humanidad está pagando por su arrogancia. El
hombre moderno creyó que podía robar el
fuego° de los dioses y convertirse él mismo en *fire*
un dios. Su capacitación° técnica lo llevó a la *training*
embriaguez° de petróleo y energía fácil y ba- *intoxication*
rata. Y falló° en todos sus cálculos. La sociedad *failed*
actual, con su modelo de desarrollo, está ba-
sada sobre premisas falsas. Ese modelo debe
ser repensado, concebido° en términos dife- *conceived*
rentes, de austeridad, sobriedad, conservación de las riquezas° de la naturaleza, *riches*
especialmente de la biosfera, esta corteza° de *crust*
suelo,° agua y aire que circunda al globo y que *earth*
es la única sede apta° para la vida humana. Y *suitable*
esto responde también a exigencias° ético- *demands*
morales, porque hay que pensar en las generaciones futuras.

El artista que dibujó esta caricatura no escribió ningunas palabras, pero Ud. lo puede hacer. ¿Qué diría Ud.?

ENTREVISTADOR:	Se sostiene° que hacia° 1985 la demanda de petróleo mundial ya será mayor que la oferta. ¿Qué sucederá entonces?
	It is maintained / by
PROFESOR P.:	Es necesario indicar que el problema de la energía no es sólo del Occidente.° En 1981 o 1982, la Unión Soviética también deberá salir al mercado mundial a comprar petróleo, con lo que° el problema sufrirá un ulterior agravamiento. No hay otra alternativa que programar nuestra vida, nuestro desarrollo económico, nuestras producciones industriales y nuestros consumos, desde el punto de vista de la austeridad. Para ello, hay que hacer todos los esfuerzos° posibles. En otras palabras: debemos marchar hacia° una sociedad que consuma menos energía. . .
	West
	so that
	efforts
	toward
ENTREVISTADOR:	El déficit de energía que se perfila,° ¿podrá ser compensado con el aporte° de energía nuclear o solar?
	outlined
	contribution
PROFESOR P.:	No. Hasta el fin del siglo, las nuevas fuentes de energía no convencionales no serán suficientes sin una drástica reducción en los consumos de petróleo. Y esto es posible. Estados Unidos, por ejemplo, para gozar de un nivel de vida° similar al de Suecia o Suiza tiene un consumo de energía que es el doble per cápita. O sea que los norteamericanos, igual que otros países, pueden hacer grandes ahorros sin reducir sensiblemente ni la ocupación, ni el nivel de vida. El ahorro de la energía es la prioridad número uno de la humanidad hasta el año 2000.
	standard of living
ENTREVISTADOR:	¿El futuro es de la energía nuclear o solar?
PROFESOR P.:	El peligro° radica en° incurrir con ellas en el mismo error cometido con el petróleo: pensar que se puede tener energía ilimitada sin condiciones. Yo no digo que la energía nuclear no debe ser utilizada. Mi preocupación es que esta sociedad violenta, sin valores morales, no está en condiciones de entrar rápidamente en la época de la energía nuclear. Por eso hay que caminar con gran prudencia.
	danger / stems from

ACTIVIDAD: Palabras similares

En la entrevista que Ud. acaba de leer, hay muchas palabras que terminan en **-dad** y que se parecen a palabras en inglés que terminan en **-ty.** Un ejemplo es la palabra **capacidad.** Aquí hay otras palabras, algunas de la entrevista, otras que no son de la entrevista. Indique la terminación.

capaci ____	humani ____	socie ____
austeri ____	sobrie ____	priori ____
digni ____	oportuni ____	materni ____

¿Conoce Ud. otras palabras que terminan en **-dad?** ¿Cuáles son? Ahora, trate de formar frases utilizando dos palabras de la lista. Por ejemplo: **la dignidad de la humanidad.** ¿Cuántas frases puede formar?

La palabra escrita

Uno de los miembros del Club de Roma ha renunciado [*has resigned*], así que el Club necesita un miembro nuevo. ¿A quién le gustaría nombrar [*nominate*] Ud.? ¿Cuáles son sus calificaciones? Escriba un párrafo breve dando la información necesaria. Antes de escribirlo será útil leer otra vez el primer párrafo del artículo para tener una idea de quiénes son los otros miembros.

sus calificaciones son...

Encuesta: **Sugerencias° para conservar la energía**   *Suggestions*

Las siguientes sugerencias para conservar la energía se han visto últimamente en los periódicos españoles y latinoamericanos. ¿Está Ud. de acuerdo con ellas o no? Si no está de acuerdo, explique por qué.

	Estoy de acuerdo	No estoy de acuerdo
1. Suspender todos los programas de televisión después de las 10:30 de la noche.	☐	☐
2. No usar la calefacción en los días de sol hasta el mediodía.	☐	☐
3. Racionar la gasolina.	☐	☐
4. Aumentar el servicio de transporte público.	☐	☐
5. Obligar que todas las casas nuevas tengan calefacción solar.	☐	☐
6. Disminuir la iluminación eléctrica en el centro de las ciudades.	☐	☐
7. Obligar que los coches lleven el máximo número de pasajeros.	☐	☐
8. Dar incentivos para el uso de bicicletas.	☐	☐
9. No prender el aire acondicionado hasta que la temperatura suba a 90° F. o 32.2° C.	☐	☐
10. Dar incentivos para reciclar papel, botellas [*bottles*] y latas [*cans*] y otros artículos.	☐	☐

Y tú, ¿qué dices?

La lista de sugerencias que Ud. acaba de leer está incompleta y se refiere al clima y a la cultura de los países hispánicos. Con otra persona de la clase o con un grupo de 3 o 4 personas, haga una lista de sugerencias que corresponda mejor a la situación ecológica del lugar donde Ud. vive.

Escúchenme

Presente Ud. sus sugerencias a la clase y pregúnteles si están de acuerdo con ellas o no. Pídales que expliquen por qué están o no están de acuerdo.

¡Reacciones! Al hablar de cuestiones de ecología y energía, hablamos mucho de «No se puede. . .» o «No hay que. . .». Por ejemplo, si se habla de racionar la gasolina y Ud. tiene un coche grande, ¿?cómo reacciona Ud. a esa sugerencia? Algunas reacciones para expresar su protesta o su infelicidad son las siguientes:

¡Qué horror! [*How awful!*]
¡Ni hablar de eso! [*Don't even talk about it!*]
¡Qué desastre! [*What a calamity!*]
¡No sirve! [*It won't do!*]

Al hablar de las sugerencias, ¡no se olviden de reaccionar!

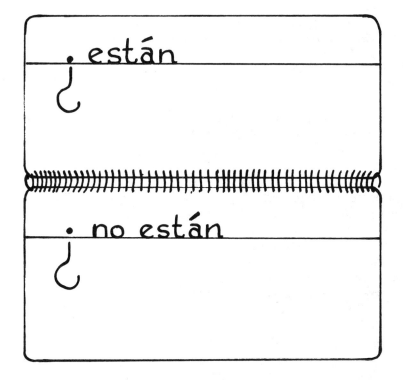

SEGUNDA PARTE

El hombre se suicida

El 40 por ciento de la selva está destruido. Nada más queda la mitad° de las especies animales que había cuando el hombre apareció sobre la tierra. *Smog*. Pesticidas letales. Nuevas enfermedades. Si el hombre no detiene° el cataclismo ecológico que él mismo ha desatado° corre el riesgo° de quedarse solo y desaparecer del planeta como especie.

Las ciudades terminarán convertidas en gigantescas cámaras° de gas; donde hubo selvas se extenderán desiertos; los ríos estarán llenos de basura;° los peces flotarán muertos sobre la capa° de petróleo que cubrirá° los mares; y el hombre luchará por sobrevivir en un mundo irrespirable,° asolado° por el hambre y la superpoblación. Hace rato que el clamor de los profetas del apocalipsis ecológico dejó de ser una metáfora. Ahora está más claro que nunca: si el hombre persiste en la destrucción sistemática e irresponsable de la naturaleza, acabará° por suicidarse.

Víctima y victimario° al mismo tiempo, el hombre se ha colocado° en el centro mismo del cataclismo ecológico: el daño° causado es irreparable. De los tres millones de especies animales y vegetales que acompañaron el surgimiento° del *homo sapiens*—hace un millón seiscientos mil años—sólo queda la mitad. Y por cierto que° no habrá que esperar otro millón de años para que no quede absolutamente nada. Entre el siglo XVI y comienzos del XX desaparecía una especie cada diez años; actualmente desaparece una por año. «Hoy—dijo Francisco Erize, director técnico de la Fundación Vida Silvestre°— existe menos cantidad de vida que hace cien años: desde comienzos del siglo se extinguieron 53 especies de pájaros y 68 de mamíferos.°»

No se trata de verter° lágrimas° sentimentales por los pobres animalitos. Lo importante es comprender que el hombre es una parte de ese mismo sistema ecológico que destruye. Ese sistema, a su vez,° está regido° por un sutil equilibrio, y cuando el hombre atenta° contra ese equilibrio, está atentando contra sí mismo. Se puede tomar como ejemplo el caso del yacaré.° Por la acción mínima y exclusiva de los cazadores,° el yacaré prácticamente desapareció de las aguas del Paraná.° «Al no haber yacarés—explicó José Santos Gollán, profesor de Ecología en la Facultad de Filosofía y Letras—, hay más pirañas,° uno de sus alimentos preferidos. Al haber más pirañas, des-

only half remain

stop
has unleashed / risk

chambers

garbage
coat / will cover
unbreathable / devastated

will end up

murderer
has placed himself / damage

appearance

for sure

Wildlife Foundation

mammals

shed / tears

at the same time / ruled
commits an offense
alligator
hunters
un río en Sudamérica

un pez carnívoro

La riqueza y la contaminación en el Golfo de México.

aparecen los balnearios° de la zona. Pero, aparte, hay otra ca-   *bathing areas*
dena° alimenticia que incluye a unos pequeños caracoles,°   *chain / snails*
portadores de larvas de parásitos humanos. Al haber más caracoles, aumenta la posibilidad de infección. Esos parásitos
pasan a ser intestinales y pueden provocar anemias y hasta
retraso intelectual° en los chicos.»   *mental retardation*
    El hombre se ha convertido de esta manera en un activo
fabricante° de desiertos. «Los árboles—dijo Gollán—fijan° el   *manufacturer / hold*

La destrucción de la selva del Amazonas.

suelo.° Al destruirlos, el suelo queda desnudo.° Si hay lluvias   *soil / bare*
torrenciales o sequías° prolongadas, esa tierra desprotegida°   *droughts / unprotected*
se convierte en polvo, y donde había una foresta aparece un
desierto.» El ejemplo más cercano° es el del Amazonas. Si si-   *nearest*
guen destruyendo los árboles de esa zona, antes de fin de siglo
la verde selva del Amazonas será un fantástico desierto rojo.

    Por sutil ordenamiento natural, la vida y la muerte de
cualquier especie están en relación directa con el comporta-
miento° de cada una y todas las restantes. Al menos, hasta la   *behavior*
llegada del hombre: «El único animal racional—según lo de-
finió el arquitecto Alberto Bellucci, gerente de Programación
Operativa del Cinturón Ecológico de Buenos Aires—capaz° de   *capable*
alterar gravemente el equilibrio, el único capaz de crear° un   *create*
medio artificial.»

    La ecología—un término empleado por primera vez en 1866
por el biólogo alemán Ernest Haeckl, después de fusionar los

términos griegos° *oikos* (casa) y *logos* (ciencia)[1]—trascendió
rápidamente los límites de la ciencia para convertirse en moda
furibunda° o en plataforma política. Por un lado hay los que
glorifican la naturaleza y dicen que el hombre es el corruptor
y, poco más o menos, decidieron que están en contra del
progreso técnico. Por otro lado, con voz más moderada, están
los que dudan, no ya del progreso en sí, sino de la irracion-
alidad y la imprevisión° con que el hombre ha acometido° ciertas empresas.° «El problema básico—explicó Francisco Erize—
es que el hombre, como dueño° absoluto del planeta, como
gerente de todo lo creado, ha manejado irresponsablemente
ese patrimonio.» Paradójicamente,° la tecnología aparece entonces como única solución posible a los abusos cometidos en
nombre del progreso técnico. Que el resultado sea un paraíso°
o un infierno depende exclusivamente de cómo utilice el
hombre los recursos que todavía tiene.

Hay los que dicen que los desastres ecológicos son patrimonio exclusivo de los países pobres. O, al menos, que están
más expuestos° que los países ricos. «La miseria—dijo Paulo
VI—es la peor de las poluciones.» Los ecólogos, sin embargo,
lejos de° atribuir el problema a los subdesarrollados,° dicen
que su virulencia también destruirá a los más desarrollados.
Los Estados Unidos—con menos del 6 por ciento de la población mundial—son responsables del 40 por ciento de la contaminación de la tierra y del 40 por ciento del consumo de
combustibles no renovables.° Los norteamericanos—y en esto
no le van en zaga° los europeos—son infatigables fabricantes
de basura: allí, cada año, se transforman en desperdicios 7
millones de automóviles, 100 millones de neumáticos,° 28 millones de botellas y 46 millones de latas. En el lapso de un sólo
año, miles de toneladas° de basura, entre sólidos y gaseosos,
son lanzadas° al agua y al aire.

La acción de la contaminación es tal que, en ciertos lugares,
llega a las napas° subterráneas de agua. Y esto sí que es serio.
Porque, con excepción de la lluvia, toda el agua que circula
por la superficie° del planeta fue alguna vez agua subterránea.
El azul Mediterráneo ya empieza a resignarse a su destino de
tarjeta postal: antes de fin de siglo—vaticinan° los ecólogos—
la densa capa de petróleo y desechos aceitosos° que cubren
su superficie, al impedir el paso de la luz, acabará con todas
las formas de vida acuática.

Greek

raging fashion

*lack of foresight / has undertaken
enterprises
master*

Paradoxically

paradise

exposed

*rather than / underdeveloped
(countries)*

nonrenewable
are not lagging

tires

thousands of tons
released

sources

surface

predict
oily

---

[1] ciencia del habitat

La contaminación del aire en la capital de México.

El tan mencionado *smog* ya empieza a provocar enfermedades específicas. Hay ciudades—México, por ejemplo—donde la concentración del smog alcanza° niveles° letales.   *reaches / levels*

No es difícil inferir que esos contaminantes que envenenan° *poison* el aire y condenan° a muerte a los mares significan una concreta *condemn* amenaza° para la salud del hombre. «Está visto—sostuvo Erik *threat* Eckholm, el autor de *La salud del hombre*—que la mayoría de los cánceres son de orígen ambiental y no genético. La prueba° *proof* es que entre el 15 y el 30 por ciento de los afectados son personas menores de 55 años. El cáncer no es una enfermedad propia° de la vejez,° sino un signo de lo mal que vivimos.» *belonging to / old age*

El más reciente informe del Club de Roma no es precisamente optimista: «Si se mantiene el ritmo actual de destrucción y el aumento del consumo, en el año 2000 los Estados Unidos— actualmente el principal exportador de cereales y comesti-

bles°—no podrá asegurar° la alimentación de su población.» *edibles / assure*
Lo que equivale a decir que—salvo° en el caso de regiones *except*
altamente privilegiadas—el mundo entero deberá enfrentar° al *to face*
hambre.

Cada vez más gente para cada vez menos alimentos. Ésa es
la situación actual. ¿Cómo se solucionará el problema ecológico?
Sólo un esfuerzo° concertado de los gobiernos y un cambio de *effort*
actitud frente a las características que debe asumir el desarrollo
tecnológico pueden ayudar a salir de este atolladero.° El *predicament*
hombre no es un ser perverso dedicado a la destrucción sistemática de la naturaleza buena. Aún está a tiempo: si no para
desandar° el camino al menos para torcer el rumbo.° No hacerlo *go back over / change the course*
equivale a correr el mayor riesgo posible para una especie
porque cuando el hombre se haya quedado solo, no tendrá
más que esperar la muerte.

ACTIVIDAD: ## Comprensión de lectura

Escoja la respuesta entre paréntesis que mejor exprese las ideas presentadas en
el artículo.

1. Actualmente hay (más, menos) especies animales que había hace cien años.
2. El hombre corre el riesgo de (quedarse en el, desaparecer del) planeta.
3. El hombre (es, no es) responsable por la destrucción de la naturaleza.
4. La destrucción de la selva es (reparable, irreparable).
5. La cantidad de árboles en el Amazonas está (aumentando, disminuyendo).
6. (El hombre, la ecología) puede alterar el equilibrio de la naturaleza.
7. Los países más desarrollados tienen (tantos, menos) problemas de contaminación como los países menos desarrollados.
8. Los norteamericanos (desperdician, conservan) mucho.
9. La contaminación provoca (desarrollo, enfermedades).
10. Según algunos investigadores, el cáncer es una enfermedad (de la vejez, del
medio ambiente).

ACTIVIDAD DE VOCABULARIO: ## Antónimos

Muchos antónimos en español se forman con los prefijos **des-** o **ir-**. El prefijo **ir-**
generalmente se agrega a palabras que empiezan con la letra **r.** Indique los
antónimos de las palabras en italicas.

1. Las especies animales que ___ de la tierra no van a *aparecer* más.
2. No sé lo que le pasa a Pedro. Antes era una persona *responsable* y *racional*.
Ahora él es ___ e ___ .
3. El *equilibrio* de la naturaleza es sutil y frágil. El ___ puede ser peligroso.
4. ¿Es *reparable* la situación? No, señor. Es ___ .
5. Para los niños siempre es más fácil ___ los zapatos que *atarlos* [*to tie*].

ACTIVIDAD: Un párrafo revuelto

A continuación encontrará varias frases. Cuando están bien organizadas, forman un párrafo, pero en la forma en que están ahora, no presentan una idea lógica. Sin mirar el artículo, indique el orden lógico de las frases.

1. Al no haber yacarés, hay más pirañas, uno de sus alimentos preferidos.
2. Hay otra cadena alimenticia que incluye a unos pequeños caracoles portadores de larvas de parásitos humanos.
3. Se puede tomar el caso del yacaré que, por la acción mínima y exclusiva de los cazadores, prácticamente desapareció de las aguas del Paraná.
4. Esos parásitos pasan a ser intestinales y pueden provocar anemias y hasta retraso intelectual en los chicos.
5. Al haber más pirañas, desaparecen los balnearios de la zona.
6. Al haber más caracoles, aumenta la posibilidad de infección.

¡A prepararse!

¿Cómo sobrevivir en este mundo? El gran humorista mexicano, Marco Almazán, nos cuenta la solución escapista que encontró Clorofilo Macedonio. Antes de leer la historia de Clorofilo, será útil aprender el vocabulario que aparece en el dibujo.

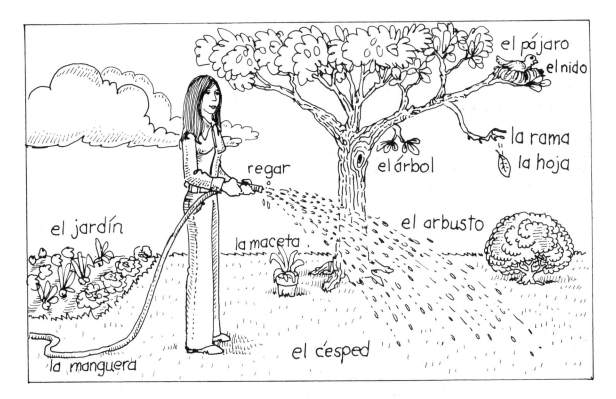

El aspirante a árbol

Cuando entré en el jardín de la casa de mi amigo, Clorofilo
Macedonio, al principio° no me di cuenta de lo que allí ocurría.   *at first*
Me sorprendió, desde luego,° ver aquel espeso° arbusto junto   *of course / thick*
a° la puerta de la residencia, plantado en un enorme tiesto°   *next to / planter*
verde, pues no recordaba haberlo visto en ocasiones ante-
riores.° Toqué el timbre varias veces, sin que nadie acudiera   *previous*
a abrir.² Después de dar una vuelta alrededor de° la casa, volví   *around*
al jardín de la entrada y me senté en un escalón° para escribir   *step*
una nota a Clorofilo, cuando escuché una tosesita° prove-   *little cough*
niente° del arbusto. Me acerqué con curiosidad, pues confieso   *coming from*
que nunca había oído toser° a un pájaro y menos a un árbol.   *to cough*

El de la tos—y el arbusto—era Clorofilo. Es decir, que Clorofilo había tosido estando disfrazado° de arbusto.   *disguised*

—¡Pero hombre!—exclamé—. ¿Qué haces ahí, con los pies
metidos° en una maceta y cubierto de hojas? ¿Ya te entró el   *stuck*
espíritu navideño?°   *Christmas*

---

² **Toqué. . . abrir** I rang the bell several times without anybody coming to open
(it).

Mi amigo no se movió. Continuó con los brazos en alto, semidoblados,° con una profusión de hojas y ramas saliéndole por los bolsillos, las orejas, las fosas nasales° y la boca. | *folded* / *nostrils*

—¿Qué haces ahí?—insistí.

—En primer lugar—masculló° apretando° los dientes para no soltar° las ramas que le asomaban por las comisuras de los labios°—te ruego° que no me digas «hombre». Dime «árbol». Soy un *chiranthodendron pentadactylon* de la familia de las *esterculiáceas*. En algunos lugares de América llaman a mis parientes «árboles de la manita»° y llegan a alcanzar° una altura° de quince metros. | *muttered* / *clenching* / *drop* / *corners of the mouth* / *I beg you* / *manna* / *reach* / *height*

—Clorofilo—le dije severamente—me parece que estás loco.

—Haz el favor de largarte°—repuso mi amigo árbol con evidente mal humor. | *get out of here*

—¿Dónde está tu mujer? ¿O prefieres que llame al manicomio?° | *insane asylum*

—En todo caso llamarías a los viveros.° Pero mira: te explicaré que es lo que pasa, con la condición de que te vayas y me dejes en paz. ¿Cuál es el promedio de la vida humana? Las estadísticas más optimistas señalan de setenta a setenta y cinco años, según la raza° y el país. En cambio, ¿cuánto dura un árbol? Dos, tres, cuatro siglos. Y fosilizados, millones de años. | *tree nursery* / *race*

—¿Has oído hablar de la inmoderada tala° de los bosques?—pregunté con ironía. | *tree-cutting*

—He oído hablar de la reforestación—repuso muy digno—. Y he oído muchas cosas muy interesantes acerca de la acomodación del hombre al medio ambiente. No hay nada que me impida convertirme en árbol si me propongo vivir como árbol.

—¿No te preocupan los perros?—pregunté con sorna.° | *sarcasm*

—En lo absoluto. Como todavía soy humano en parte, puedo ahuyentarlos° de una patada.° Lo mismo que a los amigos impertinentes. | *shoo them away* / *kick*

Clorofilo cambió ligeramente de postura, pues era evidente que aún se cansaba de estar siempre en la misma.

—Haz favor de regarme—me dijo.

—¿Y exponerme a que me des esa patada? No, gracias. Yo no soy árbol, pero tampoco soy perro.

—Digo que me riegues con la manguera, idiota. Esa verde que está en el suelo.

Tomé una manguera que yacía° sobre el césped y empecé a regar a mi amigo. | *was lying*

—Tú sabes que yo siempre tuve tendencias hacia lo vege-

tal,—me explicó el hombre-árbol—. Por algo me llamo Clorofilo. Siempre fui un vegetariano total, alimentándome sólo de verduras crudas,° flores y frutas.

—Entonces, hasta cierto punto, eres antropófago°—comenté con un poquito de mala leche.°

Clorofilo ignoró el comentario y prosiguió:

—Este régimen alimenticio ha ido transformando gradualmente mi metabolismo. Dentro de poco tiempo espero convertirme en vegetal absoluto. Cuando mis pies echen raíces° en la tierra de la maceta, me haré trasplantar a lo alto° de una montaña, donde no vuelva a tener roce° con los humanos. Y ahora haz el favor de largarte. Te parecerá estúpido, pero ya hay un pajarito que me ha escogido para su nido. Pero mientras tú estés cerca, no se atreverá° a posarse° en mis ramas. Así es que vete, te lo pido. Adiós. Y perdona que no vaya a tu entierro,° aunque éste ocurra dentro de cien años.

—A lo mejor vas en calidad de tabla°—le hice una última broma°—. Tú sabes que los ataúdes° son de madera.°

raw

cannibal
in a bad mood

grow roots
on the top
contact

it will not dare / to perch

burial

as a board
joke / coffins / wood

ACTIVIDAD: Hablando de Clorofilo

Termine las siguientes frases para contar la historia de Clorofilo Macedonio.

1. Cuando el autor tocó el timbre, Clorofilo no contestó porque. . .
2. Clorofilo era (estaba). . .
3. Según la descripción del autor, Clorofilo estaba (tenía). . .
4. Clorofilo quiere ser un árbol porque. . .
5. Uno de los peligros de ser un árbol es. . .
6. Clorofilo le pide a su amigo que lo riegue porque. . .
8. Cuando Clorofilo le dice «Adiós» a su amigo, su amigo contesta que. . .

ACTIVIDAD: Una semana después. . .

Supongamos que el autor deja a su amigo al escapismo y se va (después de regarlo). Pero vamos a imaginar que una semana después se decide a regresar a la casa de Clorofilo para ver lo que pasa. Continue el diálogo entre los dos amigos con Ud. como el autor y un compañero de clase como Clorofilo. ¿Cómo es la situación de Clorofilo una semana después? ¿Sigue siendo escapista o se ha vuelto [turned] realista? ¿Le ha pasado algo interesante durante la semana?

El siglo XXI

10

PRIMERA PARTE **El siglo de la computadora**

SEGUNDA PARTE **Esperanzas del futuro**

¿Cómo será la Argentina dentro de veinte años?

Persistencia

El Crecimiento Demográfico de México es Mayor al

VOCABULARIO

¿Se puede **prever°** o **pronosticar°** el futuro?   *foresee / foretell*

Si Ud. pudiera pronosticar el futuro, ¿cómo sería su pronóstico?
¿Se cumplirán [*fulfill*] sus **sueños** [*dreams*]?
¿Qué **sucesos** [*events*] serán importantes en su vida?
¿Estará Ud. preparado para **tomar decisiones** [*to make decisions*]
   inteligentemente?

Aquí hay algunas de las cuestiones importantes que nos van a confrontar
   en el siglo XXI:
La calidad de la vida [*quality of life*]
   ¿Será mejor o peor?
El costo de la vida [*cost of living*]
   ¿Va a **subir** [*go up*] o va a **bajar** [*go down*]?
El crecimiento demográfico [*population growth*]
   ¿Va a **crecer** [*to grow*] más o va a **detenerse** [*stop*]?
La cantidad [*quantity*] de alimentos para **alimentar** [*to feed*] al mundo
   ¿Va a aumentar o va a **reducirse** [*to decrease*]?
La conquista **del espacio** [*space*]
   ¿Cuáles serán **los beneficios** [*benefits*]?
La paz [*peace*]
   ¿Habrá un aumento o una **reducción** en la posibilidad de una guerra
      nuclear?
Más **ocio** [*leisure time, spare time*]
   Cuando el hombre tenga más ocio, ¿qué va a **crear** [*to create*]? ¿Será
      más creativo? ¿Qué va a inventar?

ACTIVIDAD DE VOCABULARIO: Ayer y mañana

1. ¿Qué sueño suyo se ha cumplido en el pasado? ¿Cuáles son sus sueños para el futuro?
2. ¿Qué sucesos han sido importantes en su vida? ¿Qué sucesos le gustaría ver en el futuro? ¿Qué sucesos no le gustaría ver en el futuro?
3. ¿Qué decisiones importantes ha tenido Ud. que tomar? ¿Qué decisiones importantes tiene Ud. que tomar ahora?
4. Para Ud., ¿en qué consiste la calidad de la vida?
5. Cuando sube el costo de la vida, ¿cómo le afecta a Ud. personalmente?
6. ¿Cuál es el pronóstico para el crecimiento demográfico en los Estados Unidos para el año 2000?
7. ¿Cuáles son algunos alimentos básicos en los Estados Unidos?
8. ¿Le gustaría ser astronauta? ¿Por qué?
9. ¿Ha tenido los Estados Unidos una guerra que Ud. recuerda? ¿Cuál era?
10. Si Ud. tuviera más ocio, ¿qué haría?

ACTIVIDAD DE VOCABULARIO: Mis pronósticos

Las palabras en Columna A son sustantivos. Las palabras en Columna B son infinitivos que Ud. tiene que conjugar. Y las palabras en Columna C son adverbios y adjectivos para modificar sus pronósticos. Haga una frase para cada sustantivo. Se pueden agregar [to add] otras palabras a las frases si Ud. quiere.

Columna A	Columna B	Columna C
sueños	aumentar	mucho
sucesos	crecer	poco
decisiones	subir	mejor
guerra	inventar	peor
paz	bajar	más
espacio	ser	menos
ocio	tomar	frecuentemente
crecimiento demográfico	crear	siempre
costo de la vida	alimentar	nunca
calidad de la vida	reducirse	bien
alimentos	pararse	mal
invenciones	tener	bueno
cantidad		malo
beneficios		

Barras grises y plateadas: Una obra de Jesús Rafael Soto, pintor venezolano.

Cuando piensa en el futuro, ¿es Ud. optimista o pesimista? Indique cuáles de los siguientes comentarios mejor representan sus pensamientos con respecto al siglo XXI.

1a.	A través de la ciencia y la tecnología se solucionará el problema de la contaminación.	1b.	En un mundo industrializado siempre habrá contaminación y lo único que podemos hacer es controlarla.
2a.	Se desarrollarán nuevas tecnologías agrícolas [*agricultural*] para alimentar mejor a todo el mundo.	2b.	Siempre habrá hambre porque el hombre no puede controlar ni el clima ni la geografía.
3a.	No habrá guerras porque las naciones del mundo resolverán sus conflictos por medios pacíficos, ya que muchas tendrán la bomba nuclear.	3b.	Ya que varias naciones tienen la bomba nuclear, será cuestión de tiempo hasta que haya una guerra nuclear.
4a.	La energía nuclear reemplazará [*will replace*] las otras formas de energía porque será segura [*safe*] y económica.	4b.	La cuestión de energía será tan problemática en el siglo XXI como en el XX porque no tiene solución.
5a.	La ciencia descubrirá remedios para curar muchas enfermedades, para evitar los males genéticos y para prolongar la vida activa.	5b.	La ciencia descubrirá remedios para curar algunas enfermedades y para evitar algunos males genéticos, pero otros aparecerán como resultado de la contaminación.
6a.	La exploración del espacio y de otros planetas contribuirá mucho a nuestro bienestar [*well-being*] y conocimiento científico.	6b.	La exploración del espacio es muy costosa y sería mejor gastar el dinero en proyectos que tengan resultados más inmediatos.
7a.	Trabajaremos menos horas por semana y tendremos más ocio para dedicar a actividades educativas y culturales.	7b.	A causa de la inflación, trabajaremos más horas por semana sólo para mantener el nivel de la vida de que gozamos ahora.
8a.	Con el aumento de oportunidades de educación y con mejores alimentos, la calidad de la vida mejorará para todos.	8b.	Tenemos que aceptar la idea que siempre habrá ricos y pobres en este mundo y que el número de pobres será siempre más grande.

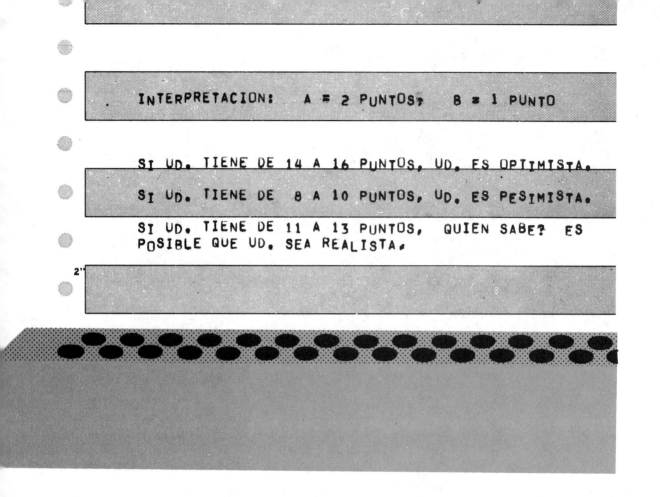

INTERPRETACION: A = 2 PUNTOS, B = 1 PUNTO

SI UD. TIENE DE 14 A 16 PUNTOS, UD. ES OPTIMISTA.

SI UD. TIENE DE 8 A 10 PUNTOS, UD. ES PESIMISTA.

SI UD. TIENE DE 11 A 13 PUNTOS, QUIEN SABE? ES
POSIBLE QUE UD. SEA REALISTA.

El siglo de la computadora

Los expertos en computadoras calculan que antes del año 2000
las computadoras serán tan baratas que estarán al alcance° de   *within reach*
cualquier persona. Estudiantes, dueños° de pequeños nego-   *owners*
cios, médicos y abogados podrán tener la ayuda de una computadora en su casa, oficina o consultorio porque será tan fácil
usarla como usar el teléfono o una calculadora. ¿Cómo nos
afectará?

En el hogar

Los juegos de televisión son la primera utilización de la mi-
croelectrónica en casa. El próximo paso,° ya en camino,° es la   *next step / on the way*
computadora doméstica programable. Esa computadora tendrá
una memoria, un lenguaje interpretativo, un disco-cassette
multiple para extender la memoria, una llave maestra° para la   *master key*
entrada de datos y una pantalla de televisión para su exhibición.

Lo que todavía no se ha desarrollado es un robot programado para hacer los quehaceres° domésticos. — *chores*

Esta computadora doméstica será conectada al teléfono, o por una union especial de cables permitirá hacer una variedad de tareas° de negocios, de programas educativos y de consulta de datos. — *tasks*

En el trabajo

Otra posibilidad que podemos esperar es que la gente trabaje en su propia casa con sus sistemas domésticos en vez de ir a las oficinas regularmente. Para fines de la década del '80 se estima que en los Estados Unidos 40 por ciento de los trabajadores de la información harán por lo menos la mitad° de su trabajo en casa. Para el año 2000 se estima que la mayoría de la actividad ocupacional estará centrada en el hogar. En su estación personal de trabajo en su casa, el trabajador marcará° a su compañía de negocios y así obtendrá sus datos, asistirá a sus reuniones° y recibirá la información que deberá procesar. Tomará las decisiones y hará todo su trabajo sin tener que salir de su casa. — *half* / *will dial* / *meetings*

Otro factor importante es que trabajar en casa ahorra el consumo de energía. Reduce la cantidad de gasolina utilizada en viajar al lugar de trabajo y también el número de vehículos en las carreteras. Además, trabajar en casa reduce la energía utilizada para calentar° e iluminar las oficinas y disminuye la necesidad de construir y mantener tantos edificios de oficinas. — *to heat*

En la educación

Para fines de los '80 será posible proveer de° educación prees-   *to provide*
colar° y primaria a los alumnos, usando instrucciones progra-   *preschool*
madas por los sistemas centrales al alcance de las computadoras
domésticas. Los estudiantes podrán responder a las preguntas
sobre el material que han estudiado y recibirán información
educativa en forma de video con imágenes y voz. Las respuestas
del estudiante determinarán las orientaciones° adicionales que   *instructions*
recibirá. Sus respuestas a las preguntas también serán graba-
das° para que el maestro o el instructor pueda corregirlas.°   *recorded / correct them*

    Esta clase de educación puede ser basada en un sistema
hogareño,° con sólo visitas ocasionales a la escuela para orien-   *home*
tación° y recreación.   *guidance*

    En Tokio, Japón, este sistema de educación ha aparecido ya
en forma experimental. Pequeños estudiantes de la escuela
primaria están estudiando sin profesores frente a ellos. Pan-
tallas de televisión dirigidas° por computadoras permiten a los   *directed*
niños no sólo captar° por el medio televisivo los conocimientos,   *to grasp*
sino dar sus respuestas en un tablero° que envía a la compu-   *panel*
tadora los resultados. La computadora los evalúa y califica.° Se   *grades*
estima que el sistema no sólo permite al niño una mayor aten-
ción, sino que ahorra tiempo y costos, al igual que evita los
errores humanos comunes en las clases.

    La computadora doméstica también puede expandir las
oportunidades de educación para adultos. El disco video per-
mitirá un ordenamiento° personal del contenido° y la estrategia   *ordering / content*
del curso, y el individuo podrá escoger el tiempo y el lugar que
le convenga para estudiar. Así todos tendrán la oportunidad
de emplear su energía creativa y la posibilidad de desarrollar
sus capacidades intelectuales.

Lo que se puede esperar del siglo XXI es que la tecnología de la información transforme dramáticamente a la sociedad. Los sistemas de información serán mundiales° con la teleconferencia de acceso instantáneo, inmediato, a cualquier lugar de la tierra. A través del° uso masivo de ondas° electromagnéticas y satelites especiales de comunicación, será posible disponer° de un teléfono de bolsillo para comunicarnos, en segundos, con la persona que deseemos en cualquier parte del mundo en que esté. El concepto—o el sueño—de una comunidad mundial se pondrá una realidad.

worldwide

Through / waves

to have available

ACTIVIDAD: Comprensión de lectura

¿Qué se podrá hacer en el futuro con la computadora y qué no se podrá hacer con la computadora? Divida la siguiente lista en dos partes: (1) Lo que se podrá hacer con la computadora y (2) Lo que no se podrá hacer con la computadora.

Usarla como teléfono.
Hacer juegos de televisión.
Hacer los quehaceres domésticos.
Trabajar en su propia casa.
Viajar a su oficina.
Asistir a reuniones.
Obtener datos.
Ahorrar energía.
Calentar casas y oficinas.
Proveer educación en casa.
Eliminar las escuelas totalmente.
Calificar las respuestas de los estudiantes.
Llevar un teléfono en el bolsillo.

ACTIVIDAD: La computadora de hoy

Ya hemos entrado en la época de la computadora. Hagan Uds. una lista de las funciones de la computadora en los siguientes lugares: la casa, la universidad, el consultorio del médico, el hospital, un almacén grande, una fábrica, un banco, una oficina de seguros [*insurance*], el supermercado.

Y tú, ¿qué dices?

Mucha gente dice que la computadora es muy eficiente pero que es muy impersonal. Imagínese, entonces, una computadora que hable y tenga Ud. una conversación con ella. Un(a) compañero(a) de clase puede ser la computadora. Ésta es su oportunidad de ser curioso, de contar chistes, de quejarse [*to complain*] o de ser insolente. La computadora tiene que contestar.

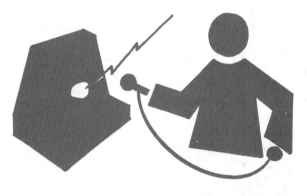

ACTIVIDAD: ¡Uds. son los inventores!

Uds. ya tienen una lista de todas las cosas que una computadora podrá hacer en el futuro y de las cosas que no podrá hacer. Usando su imaginación, cuente lo que haría la computadora que Ud. inventaría.

SEGUNDA PARTE

Esperanzas del futuro

Ya que sabemos lo que podemos esperar de las computadoras
del futuro y cómo cambiarán nuestro modo de trabajar, de
divertirnos y de educarnos, vamos a ver los otros cambios,
cuestiones, problemas y soluciones que nos esperan en el siglo
XXI.

El automóvil del siglo XXI

El automóvil eléctrico—sin ruido, anticontaminante y sumamente económico en su mantenimiento—será una realidad
antes del siglo XXI. Sin embargo, algunos técnicos° sostienen   technicians
que el modelo a base de hidrógeno tiene más posibilidades
que los modelos eléctricos.

El aumento de la población

En 1978 la capital de México tenía una población de 13 millones
de habitantes. Se estima que para el año 2000 la población de
esa ciudad llegará a 30 millones de habitantes. Se calcula que
para el mismo año existirán 6.000 millones de habitantes en el
mundo, de los cuales 5.000 millones habitarán el mundo
subdesarrollado.°   underdeveloped

La alimentación

Mientras la población del mundo crece, las áreas destinadas
para la producción de alimentos se reducen proporcionalmente. Entonces, para alimentar a este número enorme de
gente, será necesario desarrollar nuevas formas de alimentos
y nuevos métodos agrícolas. Algunas de las ideas que se están
explorando son la desalinización de las aguas del mar, la construcción de inmensos sistemas de irrigación, el desarrollo de
nuevos métodos de luchar° contra pestes y la fertilización de   to fight
grandes áreas. También se habla de extender el politicultivo,
la práctica de sembrar° más de un cereal por año en la misma   planting
parcela, y el cultivo de las algas del mar para el consumo humano. También es posible el descubrimiento de nuevos ce-
reales, o de nuevas cruzas,° de mayor valor° nutritivo y   hybrids / value
productivo.

El ocio

Si la gente trabaja 4 días por semana, 5 horas por día, aumentará
el ocio de grandes grupos de población. Y el ocio, según los
filósofos de la historia, es el gran impulso de las culturas. Se
predice que el ocio futuro se empleará fundamentalmente en
la educación. Ocio más° educación constituirán una fuerza°   *plus / force*
enorme, capaz° de liberar energías humanas hoy desconocidas.   *capable*
Una población adulta que dedique más tiempo a tareas cul-
turales que al trabajo productivo causará grandes cambios en
la vida social y política.

LA PALABRA ESCRITA: La bola de cristal [*crystal ball*]

> ¿Habrá algún suceso, problema, invención o solución que existirá en el siglo XXI
> que Ud. puede prever en su bola de cristal que no está mencionado aquí en la
> lectura? Escriba un párrafo más, describiéndolo o explicándolo. Después com-
> paren sus párrafos. ¿Cuáles son los temas principales de la mayor parte de ellos?

¿Cómo será la Argentina dentro de veinte años?

Nuestra calidad de vida

Extendamos a nuestra Argentina la ciencia—o intuición—del futuro, y preguntémonos cómo han de ser en el año 2000— para no ir demasiado lejos—el ambiente físico en que vivimos, nuestra calidad de vida y las características de nuestra sociedad. Debe entenderse que la imaginación estará más presente que las certezas° en los siguientes pronósticos y suposiciones. °certainties

En el año 2000 la estabilidad° política parece asegurada°—al menos por el momento—con la rotación, en el poder,° de los partidos Socialdemócrata y Conservador Liberal. °stability / assured °power

Nuestra población ha crecido escasamente, y apenas° sobrepasa los treinta millones de habitantes, y tampoco el proceso industrializador ha sido vertiginoso.° Así, nuestras necesidades de energía están suficientemente cubiertas,° si bien todavía hay dificultades circunstanciales. Por otra parte, las exploraciones en busca de° petróleo han tenido cierto éxito—no en el mar, sino en nuevas áreas de la Patagonia—, y estamos en la misma situación que desde hace cuarenta años: a un pasito de° alcanzar el autoabastecimiento.° Hemos conseguido fortalecer,° en el norte y oeste del país, algunos polos° de desarrollo mineros,° pero, por supuesto, la pampa° sigue siendo nuestra principal fuente de riqueza° y la base de nuestra economía. Durante las últimas décadas del siglo—la de los '80 y la de los '90—hemos llevado a cabo° grandes campañas° para «recolonizar» el interior y trasladar° núcleos importantes de población desde Buenos Aires y sus alrededores.° Seamos honestos: el resultado de esta política ha sido muy poco satisfactorio. °hardly °dizzying °covered °in search of °a step away from / self-sufficiency °managed to strengthen / areas °mining / grasslands °riches °carried out / campaigns °to move °surroundings

La capital en Buenos Aires

De nuevo estamos, pues, en la capital. En Buenos Aires sigue decidiéndose el destino del país y los sueños de llevar el centro administrativo y político del país al interior, quizá deban postergarse° para el año 2100, o quizá para nunca. Buenos Aires, y el año 2000. ¿Cómo son las calles? ¿Cómo circulan los automóviles? ¿Cómo vive la gente? ¿Cómo trabaja y cómo se divierte? °to postpone

Miremos a nuestro alrededor. Ahora que la ciudad está cruzada de autopistas,° el descongestionamiento del tránsito comienza a ser realidad. Lástima que las calles céntricas siguen llenas por los transportes urbanos y que la concentración demográfica en la ciudad ha seguido a un ritmo mucho más alto que en el resto del país. Han empezado a verse, también, algunos vehículos eléctricos y hasta algunos vehículos de propulsión solar, pero la verdad es que se trata,° más bien,° de curiosidades. Nuevas técnicas y procedimientos° hacen que, afortunadamente, los automotores no emitan la cantidad de gases tóxicos del pasado. Gracias a las nuevas áreas verdes de los alrededores, el aire de la ciudad está un poco menos viciado,° si bien los vecinos se siguen quejando° de las emanaciones de las fábricas y de la falta° de parques y plazas. Es que, lamentablemente, por cada espacio verde ganado, se han perdido dos o tres, debido a la gravitación de las autopistas o a la presencia de otras obras públicas.

Si no hemos podido desplazar° la población porteña[1] hacia el interior, al menos estamos haciendo algo para sacarla del perímetro de la Capital. Desde hace más de diez años estamos desarrollando centros «sociales» autónomos a lo largo del° Camino de Cintura.[2] Estas pequeñas ciudades tal vez sean la única respuesta al crecimiento urbano.

Los subterráneos° ya se han extendidos, y han contribuido a que el tránsito de la superficie° sea más cómodo. Claro que la aparición de las «miniciudades» en los alrededores hace que sus habitantes reclamen° la extensión del servicio hasta esos parajes.°

expressways

deal with / rather
procedures

polluted / complaining
lack

to move

along

subways
surface

demand
places

[1] Residents of Buenos Aires are called porteños.
[2] Expressway encircling Buenos Aires.

En cuanto a° sus costumbres cotidianas,° el porteño del 2000   *As for / daily*
cada vez se parece más a sus congéneres° de las grandes urbes°   *fellow man /* ciudades
del mundo desarrollado. Trabaja muchas horas por día, de-
masiadas, porque el costo de vida sigue alto, y porque sus
hábitos de consumo se han incrementado también. Por supuesto, no hay mayores problemas para comprarse un auto—
la importación de sólidos y seguros° modelos japoneses y ale-   *safe*
manes, a precios accesibles, ha revolucionado desde hace años
el mercado de esta industria—, pero ahora se han creado otras
necesidades, y ya no hay porteño de clase media que no aspire
a su casita° en el campo, a su pertenencia° a algún club privado   *cottage / membership*
o a una gira° por el mundo. Los artefactos° domésticos de tipo   *tour / appliances*
electrónico, por lo demás, se han multiplicado tanto, que el
personal de servicio° debe poseer° conocimientos generales   *household help / possess*
de mecánica y mantenimiento.

La gente, hay que admitirlo, está un poco neurótica y sufre
una progresiva pérdida° de la identidad, pero se divierte para   *loss*
olvidarse del hecho.° Los psicoanalistas han pasado a conver-   *fact*
tirse° en una de las corporaciones profesionales de mayor pres-   *have become*
tigio e influencia, y el gobierno usa sus servicios para problemas
laborales. Han reflorecido° también las vocaciones religiosas,   *reflourished*
y los jóvenes se sienten atraídos° por los llamados° de pequeñas   *attracted / calls*
comunidades desde el Canadá hasta la India. Se habla muy
poco de política, salvo° en círculos restringidos.° En realidad,   *except / restricted*
la política es un tema que interesa poco o nada.

Durante el fin de semana las opciones son variadas e inci-
tadoras.° La inexistencia de censura° de los espectáculos cine-   *tempting / censorship*
matográficos y teatrales hace que se pueda tener toda clase de
experiencias, tanto hechas en el país como originadas en el
extranjero. Lo que más gusta son los grandes «shows» de cantantes y bailarines internacionales, los grandes circos que nos
visitan y, en general, los recitales de los predicadores° religio-   *preachers*
sos. Para estos espectáculos masivos se usan las canchas de
fútbol, porque hace mucho que este deporte ha declinado en
el favor de la gente.

Aunque algunas aficiones° se han atenuado,° otras crecen   *hobbies / diminished*
día tras día. La fotografía, la pesca, el vuelo a vela,° el ajedrez°   *hang gliding / chess*
y el surf se practican cada vez más. En cambio, se juega menos
al tenis y al poker, pero el aerobismo sigue siendo ultrapopular.

En suma, el porteño del año 2000 no es completamente feliz
y no sabe si ponerse contento o melancólico. Pero reacciona
así: el haber llegado al año 2000 con buena salud y ganas de
vivir es mérito suficiente.

ACTIVIDAD: Comprensión de lectura

El artículo que Uds. acaban de leer está escrito en el tiempo presente. Sin embargo, el autor no habla del presente, sino se proyecta al año 2000 y escribe como si ya estuviera en esa época. Podemos notar que en hablar del futuro nos da una idea—indirectamente—de cómo es el presente. Al leer las siguientes líneas que se refieren al futuro, ¿qué se entiende de la Argentina del presente?

1. «En el año 2000 la estabilidad política parece asegurada—al menos por el momento. . . »
   a. La Argentina siempre ha tenido estabilidad política.
   b. La Argentina ha pasado épocas de inestabilidad política.

2. «Nuestra población ha crecido escasamente, y apenas sobrepasa los treinta millones de habitantes. . . »
   a. La Argentina ahora tiene menos de treinta millones de habitantes.
   b. La Argentina ahora tiene más de treinta millones de habitantes.

3. «. . . las exploraciones en busca de petróleo han tenido cierto éxito—no en el mar, sino en nuevas áreas de la Patagonia—, y estamos en la misma situación que desde hace cuarenta años: a un pasito de alcanzar el autoabastecimiento.»
   a. En 1960 la Argentina no tenía que importar petróleo.
   b. En 1960 la Argentina usaba petróleo importado.

4. «. . . la pampa sigue siendo nuestra principal fuente de riqueza y la base de nuestra economía.»
   a. La pampa ya es la base de la economía argentina.
   b. La pampa será la base de la economía argentina en el futuro, pero no lo es ahora.

5. «. . . hemos llevado a cabo grandes campañas para recolonizar el interior y trasladar núcleos importantes de población desde Buenos Aires y sus alrededores. Seamos honestos: el resultado de esta política ha sido muy poco satisfactorio.»
   a. Actualmente muchos argentinos prefieren vivir en el interior.
   b. Actualmente muchos argentinos prefieren vivir en Buenos Aires en vez del interior.

6. «. . . los sueños de llevar el centro administrativo y político del país al interior, quizá deban postergarse para el año 2100, o quizá para nunca.»
   a. El interior es el centro administrativo y político de la Argentina.
   b. Buenos Aires es el centro administrativo y político de la Argentina.

7. «Ahora que la ciudad está cruzada de autopistas, el descongestionamiento del tránsito comienza a ser realidad.»
   a. Actualmente no hay embotellamientos en Buenos Aires.
   b. Actualmente hay grandes embotellamientos en Buenos Aires.

8. «La inexistencia de censura de los espectáculos cinematográficos y teatrales hace que se pueda tener toda clase de experiencias. . .»

   a. Hay censura en la Argentina actualmente.
   b. No hay censura en la Argentina actualmente.

9. «Para estos espectáculos masivos se usan las canchas de fútbol, porque hace mucho que este deporte ha declinado en el favor de la gente.»

   a. En el año 1980 el fútbol fue muy popular en la Argentina.
   b. El fútbol nunca fue muy popular en la Argentina.

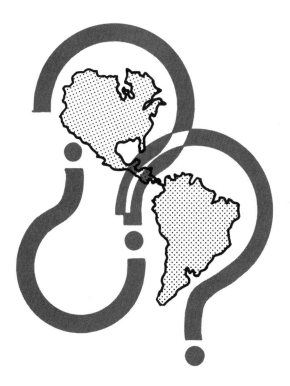

ACTIVIDAD: ¿Cómo será los Estados Unidos dentro de veinte años?

Hagan Uds. una lista de los problemas que se solucionarán o las cosas que se cambiarán en el futuro en los Estados Unidos. Ejemplos: la crisis de energía, los embotellamientos de tránsito, el tránsito público, la calidad de vida. Después formen grupos—un grupo para cada punto en la lista—y discutan cómo será ese punto en el año 2000. Cada grupo puede presentar sus ideas a la clase.

ACTIVIDAD: El año 2500

Supongamos que en el año 2500 Ud. puede volver a este mundo por 60 minutos. ¡Solamente una hora! ¿Qué le gustaría ver o qué le gustaría hacer en esos 60 minutos?

¡A prepararse!

En el cuento que Uds. van a leer hay muchas palabras que son cognados y son de varias clases. Si Uds. los reconocen antes de leer el cuento, ya sabrán mucho del vocabulario del cuento.

1. Algunas palabras que terminan en una consonante en inglés—*consonant,* por ejemplo—tienen una letra más en español, una vocal. Algunas de estas palabras que aparecen en el cuento son **correcto, absurda, progreso, planeta** y **signo.**
2. Muchas palabras que terminan en **-y** en inglés, terminan en **-ia** o **-io** en español. Las palabras de esta clase que se encuentran en el cuento son **solitario, miseria, obligatoria.**
3. Algunas palabras que terminan en **-e** en inglés terminan en **-a,** en **-ia** o en **-o** en español: **la disciplina, el universo, la abundancia, la existencia, activo(a), inmenso(a), infinito(a).**
4. Hay muchas palabras que parecen similares a las palabras que tienen el mismo significado en inglés o que suenan [*sound*] como esas palabras. Pronuncien Uds. las siguientes palabras y traten de adivinar [*to guess*] lo que significan. Ver las palabras en el contexto del cuento también ayuda a saber su significado.

Sustantivos	Adjetivos	Verbos
la promesa	habituado(a)	entusiasmarse
el cálculo	elevado(a)	moldear
la conquista	resignado(a)	liberar
el asesino	arduo(a)	convertir
la ruta		flotar
el triunfo		finalizar
la criatura		dominar
el mínimo		devorar
el orden		retornar
la recompensa		garantizar
el instinto		equivaler
		resistir
		preferir
		escapar
		acompañar
		observar

Mientras Ud. lee el siguiente cuento, trate de adivinar quién es el narrador. Indirecta:° es un personaje° histórico. Y hay varias indirectas en estas páginas.

clue / figure

Persistencia

Gobernar° la nave° se hace cada vez más problemático. Los hombres están inquietos; sólo la más ardua disciplina, las más dulces promesas, las más absurdas amenazas° mantienen a la tripulación° activa y dispuesta.° Una humanidad que ya no se asombra de nada nos vio partir° hacia el más allá:° estaba ya habituada a una desfalleciente° fascinación.

Steering / ship

threats
crew / willing
salir / the other world
weakening

Comprendo a todos; estos han sido años de sucesos terribles, de convulsiones. Muertes masivas, guerras, inventos maravillosos: ¿quién podía entusiasmarse por una conquista de aquel espacio que ya nada nuevo promete° a hombres hartos° de progreso? Los costos son elevados, pero ya nadie se fija en° cifras. Corre sangre° y corre dinero en estos años en que somos a la vez,° creadores y asesinos.

promises / fed up with
pay attention to
blood
at the same time

Amo y odio° a mis compañeros. En cierto sentido, son la hez° del universo; en otro, son balbucientes° niños en cuyas manos se moldea el futuro. Abriremos una ruta que liberará a este planeta del hambre, de las multitudes crecientes que ya no encuentran un lugar bajo el sol y que sólo esperan,

hate
scum / babbling

aterradas° y resignadas, un juicio° final del que desconfio:° — *terrified / judgment / distrust*
¡cómo se puede ser tan supersticioso en estos tiempos de
triunfo de la ciencia, del arte, de una nueva promesa de libertad
como la que encarna° esta nave? — *embody*

Hemos partido hace meses; en este tiempo solitario hemos
recorrido° la inmensidad de cambiantes colores, reducidos a — *passed through*
lo mínimo. Nos hemos visto convertidos en criaturas desnu-
das,° flotando en la creación: los hombres tienen miedo. — *naked*
Sabían que existía este vacío;° lo supieron siempre. Pero ahora — *emptiness*
que se sienten devorados por él, sus miradas se han endure-
cido° para siempre. El final es un lejano punto que no logro — *hardened*
construirles.

Huimos° de un mundo de miseria y hartazgo;° de violencia — *We flee / surfeit*
y caridad; ° de revolución y orden. Habremos de retornar, sin — *charity*
duda, pero tampoco puedo garantizárselo a ellos. Ven el vacío;
no son capaces° de perseguir° un sueño de plenitud.° — *capable / pursue / abundancia*

No hay comunicación con un pasado que sólo recobrare-
mos° como futuro. Y mi soledad° es mayor: ¡ay de los que — *regain / solitude*
poseemos la verdad y la seguridad![1] Una sola lágrima° nuestra, — *tear*
descubierta por ellos, equivaldría a una desesperada° muerte. — *hopeless*

Pero es inmensa la recompensa: al otro lado nos esperamos
nosotros mismos, encarnados en esa libertad y en esa abun-
dancia de que ahora carece° nuestro planeta. Debemos durar,° — *lacks / endure*
debemos resistir, no sólo porque el retorno es imposible, sino

---

[1] Heaven help those who possess the truth and are sure of it!

porque mienten° cuando dicen que prefieren la seguridad de   *they lie*
la prisión que dejaron. La verdad, me digo, es obligatoria. Y
el encargo° que llevamos nos ha sido encomendado° por todos   *task / entrusted*
los hombres de la tierra, aun por aquellos que no saben de
este viaje e ignoran lo miserable de su existencia.

El viaje continuará, así tuviera que matarlos a todos y gobernar yo sólo la nave. Nadie puede escapar, si no es a través
de su propia muerte: confío° en sus instintos, más que en sus   *I trust*
razonados temores.° Hasta ahora no hemos encontrado las   *reasoned fears*
horribles pesadillas° que algunos timoratos° previeron. Sé que   *nightmares / timid ones*
todo marchará° bien, o todos moriremos juntos; si así fuera,   *will go*
si lo último se cumpliera, otros retomarán la esperanza y esa
huída° que será un gran encuentro. El cielo es negro sobre   *flight*
nosotros, pero miles de luces nos acompañan; son como cirios°   *candles*
de la esperanza. Ellos las miran con temor° y odio; no quieren   *fear*
comprender que son guardianes y guías:° ¿cómo no sentirse   *guides*
hermano de las estrellas, que observan, comprensivas, nuestra
soledad que es la de ellas?

Me siento solo, y no me siento solo. ¿Habrá alguien que
pueda comprender esta atracción por un abismo que para mí
no es sino una ruta más? Es cierto que a veces tengo miedo,
como todos. No soy sino un hombre frente a fuerzas° desco-   *forces*
nocidas: las intuyo,° pero no las domino; las comprendo, pero   *I sense*
no son mías. Pero sin miedo no hay esperanza.

Y, sin embargo, el tiempo es largo, sobre todo para ellos.
El viaje se les aparece infinito. Empiezan a sentirse privados°   *deprived*

noveNta y dOs

de toda realidad; se creen fantasmas de sí mismos.[2] Sus ojos
me amenazan,° porque siempre hay un culpable.° La nave   *threaten / guilty one*
cruje° y se mece,° la inmensidad es cada vez más aplastante,°   *creaks / rocks / overwhelming*
pese a esos signos que, desde hace un par de días, nos ase-
guran que no hay error, que mis cálculos son correctos.

Debo anotar, pues, que ojalá se cumplan los pronósticos
favorables antes que el temor termine totalmente con la con-
fianza. Rogaré° al Señor° para que tal cosa no ocurra. Danos,   *I will pray / Lord*
pues, Señor, la gracia de poder cumplir nuestra misión antes
que finalice este octubre de 1492.

[2] They believe themselves to be ghosts.

ACTIVIDAD: Comprensión de lectura

1. ¿Ha adivinado Ud. quién es el narrador del cuento? ¿Quién es? ¿En qué parte del cuento lo adivinó Ud.?
2. Cuando el narrador dice «una conquista de aquel espacio. . . » ¿cuál es el espacio a que se refiere?
3. ¿Qué esperanzas tiene el narrador de su viaje?
4. «Los hombres tienen miedo.» ¿Por qué tenían miedo?
5. El narrador se refiere varias veces al «vacío». ¿Qué representa el vacío?
6. ¿Cumplió el narrador su misión? ¿Cómo?
7. ¿A qué viaje de nuestros tiempos se puede comparar el viaje del narrador? ¿Cuáles son algunos momentos o algunas descripciones similares?
8. El narrador es un visionario, un hombre que tiene mucha confianza en sus ideas. ¿Qué otros personajes—de nuestros tiempos o de la historia—también eran visionarios con mucha confianza en sus ideas?

ACTIVIDAD: Visiones

Todos saben cómo terminó el viaje del narrador y los resultados de ese viaje. ¿Cómo terminarán los viajes de los astronautas y sus naves espaciales? ¿Qué serán los resultados? Desarrollen sus ideas con un grupo de compañeros de clase.

Nuevo Vocabulario Activo

1 Para conocernos mejor

el alpinismo
antipático(a)
el apellido
el apodo
asombrado(a)
estar asombrado(a)
asustado(a)
estar asustado(a)
bien vestido(a)
estar bien vestido(a)
buen humor
estar de buen humor
caprichoso(a)
cariñoso(a)
casado(a)
estar casado(a)
ser casado(a)
cobarde
¿cómo andas?
conservador(a)
charlatán(a)
dar la mano
de veras
deprimido(a)
estar deprimido(a)
estar en la onda
enamorado(a)
estar enamorado(a)
enojado(a)
estar enojado(a)
flaco(a)
gracioso(a)
justo(a)
maduro(a)
mal humor
estar de mal humor
los modales
muerto(a)
estar muerto(a)
no me digas
el nombre de pila
preocupado(a)
estar preocupado(a)
¿qué tal?
seguro(a) de si mismo
estar seguro(a) de si mismo
el (la) soltero(a)
estar soltero(a)
ser soltero(a)
soñador(a)
tacaño(a)

2 La vida estudiantil

la administración
la agronomía
aprobar en
el apunte
la asignatura
asistir a
el bachiller
la beca
la carrera
el código de vestir
el colegio
la concentración
la conferencia
la contabilidad
el derecho
el desafío
el dibujo
dictar una conferencia
la escuela mixta
la especialización
el examen de ingreso
el extranjero
la facultad
graduarse
el hecho
la ingeniería
ingresar
lograr
la materia
la matrícula
la mecanografía
medir
la meta
el negocio
la nota
la odontología
el oficio
la pedagogía
la pintura
el promedio
la química
el requisito
el resultado
sacar notas
salir bien en
la taquigrafía
el título
tomar apuntes

3 ¡A trabajar!

el (la) abogado(a)
la aeromoza

el (la) agricultor(a)
el (la) agrónomo(a)
el almacén
el ama de casa
el auxiliar de vuelo
el (la) banquero(a)
el (la) bibliotecario(a)
el (la) bombero(a)
el (la) cantante
el (la) carpintero(a)
la carretera
el (la) cartero(a)
el consultorio
el (la) contador(a)
el (la) dependiente
el desempleo
el (la) diplomático(a)
el don
el (la) dramaturgo(a)
el edificio
el empleo
la empresa
el (la) enfermero(a)
escoger
el (la) escultor(a)
el (la) estadístico(a)
la fábrica
el (la) farmacéutico(a)
el (la) físico(a)
ganarse la vida
el (la) gerente
el gobierno
la habilidad
el horario de trabajo
el (la) ingeniero(a)
la investigación
la jornada completa
el (la) locutor(a)
mantenerse
la media jornada
el (la) músico(a)
la oferta
el (la) periodista
el (la) pintor(a)
el (la) plomero(a)
el (la) político(a)
el (la) programador(a) de computadoras
el puente
el puesto
el (la) químico(a)
realizarse
el sueldo

el (la) técnico(a)
el (la) trabajador(a) social
el tribunal

4 ¡La vida es una fiesta!

al aire libre
el (la) anfitrión(a)
brindar
la cerveza
la cinta
el (la) compañero(a)
el conjunto
el (la) conocido(a)
contar
el correo
el (la) cuñado(a)
el champán
el chiste
el (la) desconocido(a)
la despedida de soltero(a)
el día anterior
discutidor(a)
divertido(a)
divertirse
emborracharse
el (la) esposo(a)
el (la) invitado(a)
el jugo de fruta
latoso(a)
el (la) nieto(a)
la nuera
la orquesta
los padrinos
el (la) pariente
picar
preocuparse
¡Que se diviertan!
la reunión
¡Salud, dinero y amor!
la sangría
la sidra
el (la) sobrino(a)
el (la) suegro(a)
el tamaño
la vela
el vino
el yerno

**5 La pantalla grande y la
pantalla chica**

el anuncio
apagar
el (la) bailarín(a)
la clase

el (la) cómico(a)
el concurso
de todas clases
el dibujo animado
el documental
la entrada
la golosina
la guerra
el gusto
llorar
morirse de risa
el noticiario
las noticias
el oeste
la pantalla
el patrocinador
patrocinar
policíaco(a)
el premio
prender
el programa infantil
el programa de variedades
quedarse
el reportaje
las rosetas de maíz
sentirse alegre
la taquilla
la telenovela
el televidente
el televisor

**6 La nostalgia: ¿El último grito
de la moda o pasado de moda?**

el algodón
aparcar
el atascamiento
la bocina
el bolsillo
las botas
los calcetines
el camión
el camisón
la carrocería
el cinturón
claro(a)
el claxón
conducir
el (la) conductor(a)
el (la) consumidor(a)
el corbatín
corto(a)
el cuero
el chaleco
la chaqueta
doblar a la derecha

doblar a la izquierda
el embotellamiento
la época
el estacionamiento
estacionar
estar de moda
estar pasado(a) de moda
el faro
frenar
el freno
funcionar
gris
el gusto
el impermeable
la infracción
ir derecho
la lana
largo(a)
la licencia de conducir
la luz
llevar
manejar
marrón
las medias
la motoneta
la multa
oscuro(a)
el pañuelo
el parquímetro
el peatón
ponerse
la ropa interior
la seda
el semáforo
el taco alto (bajo)
la tela
el traje de baño
el último grito de la moda
el volante
los zapatos de tenis

7 ¡Vamos a jugar!

el alcance
alcanzar
apaciblemente
el árbitro
avanzar
el baloncesto
la bandera
el béisbol
la bola
el boxeo
el (la) campeón(a)
el campo
la cancha

la carrera
el celo
el (la) corredor(a)
el choque
el deporte de vela
desesperado(a)
destruir
el ejército
el equipo
la equitación
la esgrima
esperanzado(a)
el esquí
el estadio
el fútbol
ganar
el hockey sobre hielo
insoportable
el (la) jugador(a)
la lucha
la lucha libre
luchar
la milla
la natación
el partido
el patinaje
la pelota
perder
la pista
el punto
la regla
el resultado
temerario(a)
el volibol
las zapatillas

8   De viajes y aventuras

acampar
el albergue juvenil
el barco
el billete
el boleto
el bosque
el campo
cazar
el clima
el cheque de viajero
echar dedo
el (la) egresado(a)
escalar
estar nublado
la estrella
el grado
hace buen tiempo

hace mal tiempo
ir de excursión
la isla
el jardín zoológico
el lago
llover (ue)
la lluvia
la maleta
la mochila
la montaña
nadar
la naturaleza
nevar (ie)
la nieve
el país extranjero
el paisaje
la pensión
pescar
el pronóstico
el pueblo
el recuerdo
el río
sacar fotos
el saco de dormir
la selva
la tienda
la tienda de campaña
el tren

9   Sobre ecología y energía

ahorrar
el ahorro
el aire acondicionado
el alimento
el arbusto
aumentar
el aumento
la calefacción
el césped
la contaminación
contaminar
derrochar
el derroche
desarrollar
el desarrollo
desperdiciar
el desperdicio
la disminución
disminuir
eliminar
enfermarse
la enfermedad
el equilibrio
escaso(a)

la escasez
evitar
la fuente
la hoja
la maceta
malgastar
la manguera
el medio ambiente
¡Ni hablar de eso!
el nido
¡No sirve!
el pájaro
el petróleo
la población
prevenir
¡Qué desastre!
¡Qué horror!
la rama
el recurso
la refrigeración
regar
sobrepoblado(a)
sobrevivir
la sugerencia
la supervivencia
el titular

10   El siglo XXI

alimentar
el alimento
el aumento
bajar
el beneficio
la calidad de la vida
la cantidad
el costo de la vida
crear
crecer
el crecimiento
demográfico
cumplir
detenerse
el espacio
el ocio
la paz
prever
pronosticar
la reducción
reducirse
subir
el suceso
el sueño
tomar una decisión

Vocabulario

This vocabulary contains all the words that appear in the text, except the following:

Obvious cognates. Included, however, are false cognates or words that have an additional meaning in Spanish or a significant spelling change.

Cognates ending in **-ción.**

Adverbs ending in **-mente** whose adjectival form is given.

High-frequency first-year words, including the names of the days and months, numbers up to 100.

Gender is indicated by the definite article **el, la.** The following abbreviations are also used:

adj. adjective	*f.* feminine	*pers.* personal
adv. adverb	*fem.* feminine	*prep.* preposition
art. article	*m.* masculine	*pron.* pronoun
conj. conjunction	*neut.* neuter	

A

a to, at, in, by
— **base de** by, by means of
— **campo traviesa** cross-country
— **causa de** due to, because of
— **continuación** following
— **favor de** in favor of
— **fines de** at the end of
— **fondo** thoroughly
— **la vez** at the same time, at once
— **lo largo de** along
— **los lados** on the side
— **mano** by hand
— **medida que** as
— **menudo** often, frequently
— **pesar de** in spite of, despite
— **prisa** quickly, hastily
— **saber** such as
— **su vez** at the same time
— **tal punto** to such an extent
— **un pasito de** a step away from
— **veces** at times
la **abeja** bee
el **abismo** abyss
el (la) **abogado(a)** lawyer

abrazar to hug, embrace
el **abrazo** hug
el **abrigo** overcoat, coat
abrir to open
la **abuela** grandmother
el **abuelo** grandfather
los **abuelos** grandparents
el **aburrimiento** boredom, weariness
aburrido(a) bored, boring
acabar to end, finish, complete
— **de** to have just
acampar to camp
aceitoso(a) oily
aceptar to accept
acerca de about, concerning
acercarse to approach, draw closer
aconsejable advisable
aconsejar to advise, counsel
acordarse (ue) to remember
acostumbrarse a to become accustomed, get used to
la **actitud** attitude; posture, position
la **actividad** activity
la **actriz** actress
actual (*adj.*) present, present-day
la **actualidad** present, present time

actuar to act
Acuario Aquarius
acudir to come; to keep; to take
acumulado(a) cumulative
adaptarse to adapt oneself
adecuado(a) adequate
adelante (*adv.*) forward, ahead
más — later on, further ahead
además (*adv.*) furthermore, besides, in addition to
adivinar to guess
la **adoración** worship, adoration
adorar to worship, idolize
el (la) **adversario(a)** adversary, opponent
el **aerobismo** running, jogging (*sport*)
la **aeromoza** airline stewardess, flight attendant
el **afecto** affection
la **afición** liking, love, fondness; taste; hobby
el (la) **aficionado(a)** fan, enthusiast
la **afirmación** statement, affirmation, assertion
afirmar to state, assure
el (la) **afortunado(a)** fortunate, lucky person
afortunadamente fortunately,

luckily

afrontar to face, confront, face up to

afuera (*adv.*) outside, out

el (la) **agente de viajes** travel agent

aglomerar to pile up, form a crowd, gather

el **agotamiento** exhaustion

agradable (*adj.*) agreeable, pleasant

agradecer to thank, be grateful

el **agravamiento** aggravation

agravar to aggravate, worsen

agregar to add; to join

agriamente bitterly

agrícola agricultural, farming

el (la) **agricultor(a)** farmer

la **agronomía** agronomy, agriculture

agrónomo(a) (*adj.*) agricultural

el **agua** (*f.*) water

la **aguja** needle

el **agujero** hole

ahora now

el **ahorro** saving

ahuyentar to scare away, drive away, shoo away

el **aire** air

al — libre outdoor, open-air

aislado(a) isolated

el **aislamiento** isolation

el **ajedrez** chess

el **ajetreo** activity, rush, hustle and bustle

ajustarse to adjust, adapt, tighten

al cabo de after, in

al cabo del tiempo after a while

al contrario on the contrary

al final de at the end of

al principio at the beginning, at first

alargarse to get longer

el **albergue juvenil** youth hostel

el **alcalde** mayor, municipal official

el **alcance** reach, range

al — within reach of

alcanzar to reach, attain

la **aldea** village

alegre (*adj.*) happy, cheerful, joyful

alegremente happily, cheerfully

la **alegría** joy, happiness

alejado(a) far away, aloof, apart, remote

el **alemán** German

el **alfiler** pin

la **alfombra** rug, carpet

algo something, somewhat

el **algodón** cotton

alguien someone, somebody

algún (*adj., pron.*) some, any

alguno(a) some

alimentar to feed

el **alimento** food

el **alivio** relief, alleviation

el **alma** soul, spirit

el **almacén** department store

el **alpinismo** mountain climbing

alrededor de round, around

los **alrededores** outskirts, surrounding districts

alto(a) tall, high, upper

altamente highly, extremely

alterar to alter, change

el **altillo** attic

la **altura** height, altitude

el (la) **alumno(a)** student

alusivo(a) allusive

allá there, over there

allí there

el **ama de casa** (*f.*) housewife

amable (*adj.*) kind, pleasant, amiable

el **amante** lover

amar to love

amarillo(a) yellow

ambiental (*adj.*) environmental

el **ambiente** environment

ambos(as) both

la **amenaza** threat

amenazar to threaten

el (la) **amigo(a)** friend

la **amistad** friendship

amontonar to pile up

el **amor** love

el (la) **analista** analyst

el (la) **anciano(a)** elderly person

andar to walk; to work, function

el (la) **anfitrión(a)** host, hostess

el **anglosajón** Anglo-Saxon

la **angustia** anguish, distress

el **anhelo** yearning, longing

animado(a) prompted, moved, animated

el **ánimo** spirit, soul, heart

anotar to make note of, jot down

los **antecedentes** background

anterior (*adj.*) previous, earlier

antes (*adv.*) before, earlier, formerly

— de before

antiguo(a) ancient

la **antigüedad** antique

antipático(a) disagreeable, unpleasant

el **antónimo** antonym

el **antropófago** cannibal

la **antropología** anthropology

el (la) **antropólogo(a)** anthropologist

anudar to knot, tie

el **anuncio** advertisement

añadir to add

el **año** year

¿cuántos años tiene Ud.? how old are you?

apaciblemente gently, calmly

apagar to turn off, turn out, extinguish

el **aparato** apparatus, instrument, device

aparcar to park

aparecer to appear

la **aparición** appearance

la **apariencia** appearance

apartar to move away, set aside, set apart

aparte de apart from, aside

apasionado(a) extremely fond of, very keen on

apelotonar to crowd together

el **apellido** surname

apenas hardly, scarcely

aplicar to apply, use
el **apodo** nickname
el **aporte** contribution
apostar (ue) to bet
apoyar to lean, rest, support
apoyarse to lean, rest, be supported, base on
el **apoyo** support
apreciar to appreciate
aprender to learn
el **aprendizaje** learning; apprenticeship
apretar (ie) to squeeze, hug
aprobar (ue) to pass (*an exam*); to approve
apropiado(a) appropriate
el **aprovechamiento** learning
aprovechar(se) to be helpful, be useful, take advantage of
apto(a) suitable
apuntar to aim, to point
el **apunte** note
apurado(a) rushed, hurried
aquel, aquella (*adj., pron.*) that
aquello (*neut. pron.*) that
aquellos(as) (*adj., pron.*) those
aquí here
el **árbitro** umpire, referee
el **árbol** tree
 — de la manita manna tree
el **arbusto** bush, shrub
árduo(a) arduous
Argelia Algeria
el (la) **argentino(a)** Argentine, Argentinian
el **argumento** argument; reasoning; plot (*of a story*)
la **armonía** harmony
la **arqueología** archeology
el (la) **arqueólogo(a)** archeologist
el (la) **arquitecto(a)** architect
la **arquitectura** architecture
arriba up, up there, upstairs
arrostrar to face
arruinado(a) ruined
el **arte** (*m. or f.*) art

bellas —s fine arts
el (la) **artista** artist (*painter, performing artist*)
ascendente (*adj.*) upward, rising
ascender (ie) to go up, rise
asegurar to make safe, secure, insure
asfixiarse to suffocate, asphixiate
así thus, so, in this way
la **asignatura** subject
asistir a to attend
asociar to associate
asolado(a) devastated, destroyed
asomar to show, appear
asombrar to astonish, amaze
asombroso(a) surprising, astonishing
el **aspirante** candidate, applicant
el (la) **astronauta** astronaut
la **astucia** cleverness, astuteness
asumir to assume, take on
el **asunto** matter, issue
asustarse to be frightened, scared
atar to tie, fasten
el **atascamiento** traffic jam
el **ataúd** coffin
el **atavismo** atavism
atentamente attentively, courteously
atentar to attempt, commit an offense or crime
atenuado(a) diminished, lessened
aterrar to terrify
atestado(a) crowded, crammed
el **atletismo** to do or practice athletics
el **atolladero** mudhole; impasse, deadlock
atraer to attract
atreverse to dare
atravesar (ie) to pass, go through, cross
atribuir to attribute
audaz (*adj.*) audacious, bold, daring
aumentar to increase, raise

el **aumento** raise, increase
aun (*adv.*) even, although
aún (*adv.*) still, yet
aunque (*conj.*) although, though, even though
la **austeridad** austerity
el **autoabastecimiento** self-sufficiency
el **autobús** bus
automáticamente automatically
automotriz (*adj.*) automotive
autónomo(a) autonomous
el **autopista** expressway, toll road
autopropulsado(a) self-propelled
la **autoridad** authority
el (la) **auxiliar de vuelo** flight attendant
el **avance** advance
avanzar to advance, go forward
avecinarse to move in
la **aventura** adventure
el **avión** airplane
avisar to notify, warn
el **aviso** advertisement, sign
el **avituallamiento** provisioning
la **ayuda** help
ayudar to help
el **azúcar** sugar
la **azucena** lily
azul blue

B

el **babero** bib
el (la) **bachiller** holder of high-school diploma
el **bachillerato** high-school diploma
bailar to dance
el (la) **bailarín(a)** dancer
el **baile** dance
bajar to go down
bajo(a) low, short
balbuciente (*adj.*) stammering, stuttering, babbling
balconear to talk at the window
el **balneario** seaside resort
el **baloncesto** basketball

el **banco** bank, bench
la **bandera** flag
el (la) **banquero(a)** banker
  barato(a) cheap,
    inexpensive
  bárbaro(a) barbaric
la **barra** steel rod
el **barco** boat
la **barrera** barrier, gate
el **barril** barrel
el **barrio** neighborhood
  bastante (*adj., adv.*)
    enough, quite,
    sufficient
la **basura** garbage, trash,
    waste
la **batalla** battle
la **batería** battery
el **batido** whipped or shaken
    drink
  batir to beat, mix
el **baúl** trunk
el **bebé** baby
  beber to drink
la **bebida** drink
la **beca** scholarship
el **béisbol** baseball
la **belleza** beauty
  bello(a) beautiful
  beneficiar to benefit
el **beneficio** benefit
  besar to kiss
el (la) **bibliotecario(a)** librarian
la **bicicleta** bicycle
el **biciclismo** bicycling
  bien well, good
el **bienestar** well-being
el **bienvenido** welcome
el (la) **biólogo(a)** biologist
el (la) **bioquímico(a)**
    biochemist
la **biosfera** biosphere
  Blancanieve Snow White
  blanco(a) white, blank
la **blusa** blouse
la **boca** mouth
la **bocina** horn (*of a car*)
la **bola** ball
el **boleto** ticket (*admission*)
el **bolsillo** pocket
el **bolsón** purse, school bag
el (la) **bombero(a)** firefighter
la **bombilla** drinking straw
  bonito(a) pretty
el **bosque** woods, forest

las **botas** boots
la **botella** bottle
el **botón** button
el **boxeador** boxer
el **boxeo** boxing
el **brazo** arm
  breve brief, short
  brillante shiny, brilliant,
    gleaming
  brillar to shine, gleam
el **brillo** shine, gleam
  brindar to drink a toast
la **broma** joke
el (la) **brujo(a)** witch
  brusco(a) brusque, abrupt
  bueno(a) good
  buscar to look for
    en busca de in search of
    busque Ud. look for
la **búsqueda** search
la **butaca** seat

C

el **caballo** horse
los **caballos** horsepower
  caber to fit; to go in
la **cabeza** head
el **cachivache** thing, junk
  cada each, every
    — uno a su gusto each to
    his own taste
la **cadena** chain
  caer to fall
la **caja** box
la **caja boba** idiot box
los **calcetines** socks
la **calculadora** calculator
el **cálculo** calculus,
    calculation
la **calefacción** heating
  calentar (ie) to heat, warm
    up
la **calidad** quality
    — de la vida quality of
    life
la **calificación** qualification,
    grade
  calificar to qualify; to mark
el **calor** heat
    hace — it is hot
    (*weather*)
  caluroso(a) warm
  calzarse to put on shoes

la **calle** street
el **callo plantal** callous (*on the
    foot*)
  cambiar to change,
    exchange
el **cambio** change, exchange
la **cámara** camera
la **cámara filmadora** movie
    camera
  caminar to walk
el **camino** road
    en — on the way
el **camión** truck (*bus in
    Mexico*)
la **camisa** shirt
la **camiseta** undershirt, jersey,
    tee shirt
el **camisón** nightgown
la **campaña** campaign
el (la) **campeón(a)** champion
el (la) **campesino(a)**
    countryperson
el **campo** field, countryside
la **cancha** court (*sports*)
la **canción** song
  candente (*adj.*) red-hot,
    burning (*issue*)
el (la) **candidato(a)** candidate
  cansarse to become tired
el (la) **cantante** singer
  cantar to sing
la **cantidad** quantity
el **canto** singing
el **caos** chaos
la **capa** cape, cloak, coat
la **capacidad** capability,
    ability, capacity
  capaz (*adj.*) capable,
    competent
  Caperucita Roja Little Red
    Riding Hood
el **capítulo** chapter
la **capota** hood (*automobile*)
  caprichoso(a) capricious,
    whimsical
  captar to grasp, win
la **cara** face
el **caracol** snail
el **carburador** carburetor
  carecer to lack
  carente de (*adj.*) lacking in
  cargado(a) loaded down
la **caridad** charity
  cariñoso(a) affectionate,
    loving

el **carné** card (*identity,
    driver's license*)
caro(a) expensive, dear
el (la) **carpintero(a)** carpenter
la **carta** letter
la **carrera** career, race
    — **armamentista** arms
    race
la **carretera** road, highway
el **carro** automobile
la **carrocería** body (*of a car*)
la **casa** house
    en — at home
casarse to get married
la **cáscara** peel (*fruit*)
casi almost, nearly
la **casita** cottage
el **caso** case, instance
castigar to punish
la **categoría** category, class,
    type
causar to cause
el (la) **cazador(a)** hunter
cazar to hunt
la **ceguera** blindness
celebrar to celebrate
celestial heavenly
el **celo** zeal, fervor
el **celofán** cellophane
el **celuloide** celluloid
el **cementerio** cemetery
la **cena** supper
el **cenicero** ashtray
la **censura** censorship
el **centenar** hundred
centrar to center, point,
    focus
céntrico(a) central
cercano(a) near, close,
    nearby
la **certeza** certainty
la **cerveza** beer
cerrar (ie) to close
el **césped** lawn
cíclico(a) cyclical
el **ciclo** cycle
cien hundred
la **ciencia** science
    — **ficción** science fiction
el (la) **científico(a)** scientist
científico(a) scientific
cientos hundreds
cierto(a) certain, some,
    sure
la **cifra** figure, number,

numeral
el **cigarro** cigar, cigarette
el **cine** movie
la **cinematografía** film-making
cínico(a) cynical
la **cinta** ribbon; film
el **cinturón** belt
el **circo** circus
el **circuito** circuit
circular to circulate, flow
el **círculo** circle
circundar to surround
la **circunstancia** circumstance
el **cirio** candle
la **cita** date, appointment
citar to make a date; to
    quote
la **ciudad** city
claro(a) clear, light (*color*)
la **clase** class
    — **media** middle class
    de todas — all kinds
clasificar to classify; to
    grade
el **claxón** horn (*automobile*)
el **clima** climate
el (la) **cobarde** coward
el **coche** car, automobile
el **código de vestir** dress code
el **cognado** cognate
cognoscitivo(a) cognitive
coincidir to coincide
la **cola** tail; line
el **colegio** school
colocar to place, put
el (la) **comentarista**
    commentator
comenzar (ie) to
    commence, begin, start
comer to eat
el (la) **comerciante** merchant,
    shopkeeper
el **comercio** commerce,
    business
el **comestible** food
cometido(a) committed,
    entrusted
el (la) **cómico(a)** comedian
cómico(a) funny,
    humorous
la **comida** meal, food
el (la) **comilón(a)** big eater,
    glutton
la **comisaria** police station
como like, how, as

¿cómo? how?
    — **andas?** how are you
    doing?
cómodo(a) comfortable
el (la) **compañero(a)**
    companion
    — **de clase** classmate
la **compañía** company
la **comparación** comparison
compartir to share
compensar to compensate
la **competencia** competence;
    competition
el (la) **competidor(a)**
    competitor
competir (i) to compete
complejo(a) complex
complicado(a) complicated
el **comportamiento** behavior
comprar to buy
la **compra** purchase
comprender to
    comprehend,
    understand
la **computadora** computer
común common, ordinary
la **comunidad** community
con with
    — **lo que** so that
concebido(a) conceived
conceder to concede
concertado(a) concerted
    (*action*)
concluir to conclude, end,
    finish
el **concurso** contest
condenar to condemn
conducir to lead; to
    behave; to drive
el **conductor** driver
la **conferencia** conference;
    lecture
confesar (ie) to confess
la **confianza** confidence, trust
confiar to entrust, trust
conforme in keeping with
    estar — satisfied
el **confort** comfort
confundir to blur, confuse;
    to embarrass
la **congelación** freezing
congregarse to congregate,
    assemble
conjugar to conjugate
el **conjunto** musical ensemble

conocer   to know, be
   acquainted with
el (la) conocido(a)
   acquaintance
el conocimiento   knowledge
conseguir (i)   to obtain
el (la) consejero(a)   advisor,
   counselor
el consejo   advice; council
conservar   to keep,
   preserve
consigo   with him, with her,
   with them
consistir en   to consist of
la constancia   constancy,
   perseverance
construir   to build,
   construct
el consultorio   medical office
el consumidor   consumer
el consumo   consumption
la contabilidad   bookkeeping,
   accounting
el (la) contador(a)   accountant,
   bookkeeper
la contaminación
   contamination,
   pollution
contaminado(a)
   contaminated, polluted
contaminar   to contaminate,
   pollute
contar (ue)   to count; to tell
contemporáneo(a) (adj.)
   contemporary
contener (ie)   contain
el contenido   content(s)
contestar   to reply, answer
continuo(a)   continuous,
   continual
el contraespionaje
   counterespionage
contribuir   to contribute
controvertido(a)
   controversial
convencer   to convince
convenir (ie)   to arrange; to
   agree; to be convenient
conversar   to converse, chat
convertir (ie)   to turn; to
   change, transform
la copa   goblet, glass (wine)
la corbata   tie
el corbatín   bowtie
el cordón de los zapatos

shoelace
la corteza   crust; bark; rind
corregir (i)   to correct
el correo   mail; post office
correspondiente (adj.)
   corresponding
cortado(a)   embarrassed,
   ashamed; cut
la cortesía   courtesy, good
   manners
corto(a)   short
el correr   running
el corredor   runner
la cosa   thing
costar (ue)   to cost
costoso(a)   costly, expensive
la costumbre   custom, habit
cotidiano(a)   daily
crear   to create
crecer   to grow
creciente   growing
el crecimiento demográfico
   population growth
creer   to believe
criar   to raise, bring up
el criterio   criterion
el (la) crítico(a)   critic
la crítica   criticism
el cromado   chromium plating
crudo(a)   raw
crujir   to rustle, creak
cruzar   to cross
la cruza   hybrid
la cuadra   block (city)
cual   which, which one,
   who, whom
¿cuál?   which? which one?
   who? whom?
la cualidad   quality, attribute
cualquier(a)   anyone,
   anybody, whatever,
   whichever
cuando   when
   — más pronto   at the
   earliest
¿cuándo?   when?
¿cuánto(a)(s)?   how much?
   how many?
el cuarteto   quartet
   — de cuerdas   string
   quartet
el cuarto   room
cuarto(a)   fourth
cubierto(a)   covered
cubrir   to cover

el cuchillo   knife
cuéntame   tell me
el cuento   story
el cuero   leather
el cuerpo   body
la cuestión   matter, issue
el cuestionario   questionnaire
el cuidado   care, carefulness
cuidadosamente   carefully
cuidar(se)   to take care,
   care for
culpable   guilty, to blame
   (adj.)
la cumbre   summit, peak
el cumpleaños   birthday
cumplir   to fulfill; to
   execute, carry out; to
   do one's duty
la cuna   cradle, crib
el cuñado   brother-in-law
la cuñada   sister-in-law
curar   to heal; to recover
curarse   to treat; to
   recover
curioso(a)   curious, odd,
   strange
la curiosidad   curiosity
el curso   course
cuyo(a)(s)   whose

CH

el chaleco   vest
el champán   champagne
la chaqueta   jacket
charlatán(a) (adj.)
   talkative, gossipy
el cheque de viajero
   traveller's check
el (la) chico(a)   boy, girl
chileno(a)   Chilean
chino(a)   Chinese
chiquito(a)   small
el chiste   joke
el choque   crash, collision

D

¡dale!   come on! give it to
   him! let him have it!
el daño   damage
   — a terceros   damage to
   others
dar   to give

— **frutos** yield results
— **gusto** give pleasure
— **la mano** shake hands
— **una vuelta** take a ride
— **se cuenta** to realize
el **dato** fact, data
de of, from, in, with
— **acuerdo al** according to
— **pronto** suddenly, all at once
— **repente** suddenly
— **veras** truly, really
— **vez en cuando** once in a while, from time to time
dé Ud. give
deber ought to, must, should; owe
se debe a due to
débil weak
decaer to decline, dwindle
decir (i) to say, tell
dedicar(se) to dedicate; to devote
defender (ie) to defend
deformar to deform; to distort
dejar to leave, let
el **delantero centro** forward center (*sports*)
delicado(a) delicate
lo(s) **demás** the rest
demasiado(a) too much, too many
demostrar (ue) to demonstrate, show, indicate
dentro (de) in, within, inside
depender de depend on
el (la) **dependiente** salesperson, sales clerk
el **deporte** sport
— **de vela** sailing
deportivo(a) sports
deprimido(a) depressed
el **derecho** study of law; right
derecho(a) right, straight ahead
a la —a to the right

derrochar to waste, squander
el **derroche** waste
el **desacuerdo** disagreement
el **desafío** challenge
desafortunadamente unfortunately
desagradable disagreeable
desandar to retrace one's steps
desaparecer to disappear
desarrollar to develop
el **desarrollo** development
desastrosamente disastrously
desatar to let loose, untie
descansar to rest
desconfiar to distrust
el **descongestionamiento** decongestion
el (la) **desconocido(a)** unknown person, stranger
el **descubrimiento** discovery
descubrir to discover
descuidado(a) careless
desde from, since
desear to desire
el **desecho** rubbish, trash
desembalar to unpack
desempeñar to play, act out
el **desempleo** unemployment
desengañar to disillusion, disappoint
desenredar to untangle, unravel
el **desequilibrio** imbalance
desesperado(a) desperate
desfalleciente (*adj.*) faint
desgraciadamente unfortunately
deshacer to undo, take apart
— **se de** to get rid of
el **desierto** desert
desigual unequal
desnudo(a) bare, naked
desocupado(a) idle, unoccupied
desordenado(a) disorderly, messy
desorientar to disorient, mislead
la **despedida** farewell

— **de soltero(a)** bachelor party, bridal shower
despejado(a) confident, clever, clear
el **desperdicio** waste
desperdiciar to waste
despierto(a) awake, bright
desplazar(se) to move, shift about, get around
desplegar (ie) to unfold, spread out
desprotegido(a) unprotected
después (*adv.*) then, next, afterwards, later
después de (*prep.*) after
destacarse to stand out
destinado(a) destined
destruir to destroy
la **desventaja** disadvantage
detalladamente in detail
el **detalle** detail
detener(se) (ie) to stop, halt
el **deterioro** deterioration, damage
detestar to detest, dislike, hate
detrás de behind, in back of
devorado(a) devoured, eaten
el **día** day
— **de santo** saint's day
todos los — s every day
el **diagnóstico** diagnosis
el **diario** newspaper, diary
diario(a) daily
el **dibujo** drawing, sketch
— **animado** animated cartoon
dictar una conferencia to give a lecture
el **diente** tooth
difícil difficult
la **dificultad** difficulty
dificultar to make difficult
dígales Ud. tell them
no me digas don't tell me, you don't say
dime tú tell me
el **dinero** money
el (la) **dios(a)** god, goddess
el (la) **diplomático(a)** diplomat

diplomático(a) (*adj.*)
diplomatic, tactful
el **dirigente** leader
dirigir to lead, direct; to
point
disciplinado(a) disciplined,
well-behaved
el **disciplinario** disciplinarian
el **disco** record
la **discoteca** discotheque
discútalo Ud. discuss it
discutidor(a) argumentative
discutir to discuss, debate
diseminado(a) disseminated
el (la) **diseñador** designer
el **diseño** design
disfrazado(a) disguised
disfrutar to enjoy, make
the most of
la **disminución** decrease;
fall, drop
disminuir to diminish,
decrease; to fall, drop
disparar tiros to shoot
disponer to arrange; to
get ready
dispuesto(a) ready,
inclined to, prepared
distinto(a) different,
distinct
distinguido(a) distinguished
distraer to distract
distraídamente distractedly
la **diversión** recreation,
pastime
divertido(a) entertaining,
amusing, funny
divertirse (ie) to have fun,
a good time
¡Que se divierta! Have a
good time!
divino(a) divine, lovely,
gorgeous
la **divulgación** disclosure;
popularization
doblar to turn; to fold
— **a la derecha** to turn
right,
— **a la izquierda** to turn
left
documental documentary
el **dolor** pain, ache
doloroso(a) painful,
aching
domado(a) tamed,

brought under control
el **domicilio** domicile, home,
residence
dominador(a) domineering
el **don** natural gift or talent
don respectful male title
of address
donde where, in which
— **haya** wherever there
is
¿dónde? where?
dormir (ue) to sleep
el (la) **dramaturgo(a)**
playwright, dramatist
el **drogadicto** drug addict
dudar to doubt
el **dueño** owner, master
el **dulce** jam
dulce (*adj.*) sweet
durante during, while
durar to last

E

e and (*used for* **y** *before*
i-, hi-, *but not* **hie-**)
la **ebullición** boiling,
agitation
echar dedo to hitchhike
ecológico(a) ecological
el (la) **ecólogo(a)** ecologist
la **economía** economy,
economics
económico(a) economical,
inexpensive
la **edad** age
la **edificación** construction,
building
el **edificio** building
la **educación cívica** civics
educado(a) educated,
well-mannered, polite
mal — bad-mannered,
rude
educar to educate, bring
up
educativo(a) educational
efectivamente really,
indeed, exactly
efectuar to carry out,
perform
la **eficacia** effectiveness
eficaz (*adj.*) efficient,
effective

la **efusión** efusion
efusivo(a) effusive
el (la) **egresado(a)** graduate
ejemplar exemplary
el **ejemplo** example
ejercer to practice (*a
profession*)
el **ejercicio** exercise
el **ejército** army
la **electricidad** electricity
el (la) **electricista** electrician
elegir (i) to choose, select,
elect
la **elevación** height, raising
ellos(as) they, them
emborracharse to get
drunk
el **embotellamiento** traffic
jam, tie-up
el **embriaguez** drunkenness
el **embrollo** tangle, mess
emotivo(a) emotional,
touching
empatar to tie, draw (*in a
match*)
empezar (ie) to begin,
start
el (la) **empleado(a)** employee
emplear to employ, use
el **empleo** job
emprendedor(a) enterpris-
ing
la **empresa** enterprise,
undertaking, company
en in
— **busca de** in search of
— **cuanto a** regarding,
with respect to
— **contra de** against,
opposed
— **seguida** right away
— **tanto que** as long as,
while
— **todo caso** in any case
— **vez de** instead of, in
place of
enamorarse to fall in love
encaminado(a) guided,
aimed, pointed at
encantado(a) charmed,
delighted
encantador(a) charming,
delightful
el **encanto** charm
encargarse to take charge

of, undertake
el **encargo** task
encarnarse to personify, embody
encima above, on top of
echarse — to throw oneself at
encomendado(a) commended, entrusted
encontrar (ue) to meet; to find
la **encuesta** survey
endurecer to harden
enérgico(a) energetic
el **énfasis** emphasis
enfermarse to get sick
la **enfermedad** sickness
el (la) **enfermero(a)** nurse
enfermizo(a) sickly
enfermo(a) sick
enfocar to focus
enfrentar to face, confront
enojado(a) angry
enorme (adj.) enormous
la **enseñanza** teaching, education
enseñar to teach, show
entero(a) entire, complete, whole
la **entidad** entity
el **entierro** burial
entonces then,
ese — that time
la **entrada** entrance; entrance ticket or fee
entrante next, coming
entrar to enter
entre between, among
el **entrecejo** brow
entredicho(a) under interdict
la **entrega** handing over, surrender
entregar to deliver, give, hand over
entrenar to train
el **entrenedor** trainer, coach
entretanto meanwhile, meantime
entretejer to interweave
la **entrevista** interview
el (la) **entrevistador(a)** interviewer

enturbiar to make cloudy, mix up
entusiasmarse to become enthusiastic
entusiastamente enthusiastically
envenenar to poison
enviar to send
envuelto(a) wrapped up
la **época** epoch, age, era, time
el **equilibrio** balance
el **equipaje** luggage, baggage
el **equipo** team; equipment
la **equitación** horseback riding
equivaler to be equal to
la **esbeltez** slenderness; gracefulness
escalar to climb
el **escalón** step of a staircase
escapar to escape, get away
el **escaparate** shop window, display case
escasamente scarcely
la **escasez** scarcity, shortage
escaso(a) scarce
Escocia Scotland
escoger to choose, select
escoja Ud. pick, select
escolar academic
escondido(a) hidden
escribir to write
escriba Ud. write
escrito(a) written
el (la) **escritor(a)** writer
escuchar to listen
escúcheme listen to me
la **escuela** school
— militar military school
— preparatoria preparatory school
— técnica technical school
el (la) **escultor(a)** sculptor, sculptress
la **escultura** sculpture
ese, esa (adj.) that
ése, ésa (pron.) that
eso (neut. pron.) that
esforzado(a) forced
el **esfuerzo** effort

la **esgrima** fencing
el **espacio** space
la **espada** sword
la **espalda** back
espantoso(a) dreadful, frightening, terrifying
la **especialización** specialization, major, concentration
la **especialidad** specialty, major
especializado(a) specialized
el **espectáculo** entertainment
el **espectador** spectator
el **espejo** mirror
esperar to hope; to wait
la **esperanza** hope
esperanzado(a) hopeful
espeso(a) thick, dense
el (la) **espía** spy
el (la) **esposo(a)** spouse, husband, wife
el **esquema** outline, sketch
el **esquí** skiing
los **esquíes** skis
esquiar to ski
la **esquina** street corner
la **estabilidad** stability
la **estación** station; season
el **estacionamiento** parking
estacionar to park (a car)
la **estadía** stay
el **estadio** stadium
la **estadística** statistic
el **estado** state
el (la) **estadounidense** citizen of U.S.A.
estar to be
— al margen to be at the edge of
— asombrado(a) to be astounded, amazed
— asustado(a) to be frightened
— bien vestido(a) to be well dressed
— casado(a) to be married
— de buen humor to be in a good mood
— de acuerdo to agree
— de mal humor to be in a bad mood
— de moda to be in fashion

— **deprimido(a)** to be
depressed
— **desatisfecho(a)** to be
dissatisfied
— **dispuesto(a)** to be
ready, willing
— **en la onda** to be with
it
— **enojado(a)** to be
angry
— **listo(a)** to be ready
— **nublado(a)** to be
cloudy
— **pasado de moda** to
be out of date
— **preocupado(a)** to be
worried
— **satisfecho(a)** to be
satisfied
— **solo(a)** to be alone
— **soltero(a)** to be
single, unmarried
este, esta (*adj.*) *this*
éste, ésta (*pron.*) this
(one)
estos, estas (*adj.*) these
éstos, éstas (*pron.*) these
estimar to esteem,
respect
estimulante stimulating
estimular stimulate,
encourage
el **estímulo** stimulus;
encouragement;
cheering
el **estirpe** stock, lineage,
ancestry
el **estómago** stomach
la **estrategia** strategy
la **estrella** star
el (la) **estudiante** student
estudiantil (*adj.*) student
estudiar to study
el **estudio** study
estupendo(a) stupendous
la **estupidez** stupidity
la **etapa** stage
ético(a) ethical
la **evaluación** evaluation;
grading
evitar to avoid
el **examen** examination
— **de ingreso** entrance
exam
la **exigencia** demand;

requirement
exigir(se) to demand; to
require
el **éxito** success
expandir to expand
la **explicación** explanation
explicar to explain
exponerse(a) to expose
oneself to
expuesto(a) exposed
extenso(a) extensive,
extended
el **extracto** extract, excerpt
el (la) **extranjero(a)**
foreigner, stranger,
abroad
extranjero(a) (*adj.*) foreign
salir al — to go abroad
extremadamente extremely

F

la **fábrica** factory
el **fabricante** manufacturer
fabricar to manufacture
fácil easy
el **facón** Argentine gaucho
knife
la **facultad** faculty (*school
of . . .*)
la **falda** skirt
la **falta** lack; fault
faltar to lack
fallar to fail
la **fama** fame
familiar (*adj.*) family
el (la) **farmacéutico(a)**
pharmacist
la **farmacia** pharmacy,
drugstore
la **farmacología** pharmacology
el **fantasma** ghost, phantom
el **faro** headlight (*car*)
fascinante fascinating
favorecer to favor
feo(a) ugly
la **fecha** date (*calendar*)
felicitar to congratulate
feliz happy
¡Feliz cumpleaños!
Happy birthday!
el **fenómeno** phenomenon
la **feria** fair, carnival
el **ferrocarril** railroad
la **fibra** fiber

ficticio(a) fictitious
la **fiebre** fever
fiel faithful
la **fiesta** party; holiday
figurar to figure, appear
fijarse to take note of
fijo(a) fixed, set
la **filosofía** philosophy
el (la) **filósofo(a)** philosopher
el **fin de semana** weekend
la **finalidad** purpose, aim,
objective
la **física** physics
físicamente physically
el (la) **físico(a)** physicist
flaco(a) skinny, thin
flamante brand-new
el **folleto** brochure, pamphlet
fomentar to encourage; to
promote
el **fomento** encouragement;
development
el **fondo** bottom, depth
la **forma** form, shape
formar(se) to form, shape;
to train
fortalecer to strengthen
las **fosas nasales** nostrils
fosilizado(a) fossilized
la **fotografía** photography
el (la) **fotógrafo(a)**
photographer
francés(a) French
el **frasco** jar, bottle
la **frase** sentence; phrase
la **frecuencia** frequency
frenar to brake, halt, stop
el **freno** brake
la **frente** forehead, brow
frente a in front of
la **fresa** strawberry
fresco(a) fresh, cool
frío(a) cold
fruncir to gather; to
wrinkle; to frown
el **fuego** fire
la **fuente** source
fuera de outside of
fuerte (*adj.*) strong
la **fuerza** strength, force
funcionar to function, work
el **fútbol** soccer
fútbol americano football
el **funcionario público** public
official

fundado(a) founded
la **fundamentación** foundation
furibundo(a) furious, enraged
fusionar to merge, fuse

G

ganar to earn, win, gain
—**se la vida** to earn a living
—**se el pan con el sudor de la frente** to earn one's bread by the sweat of one's brow
el **gancho** hook; appeal
el **gaseoso** soft drink
el **gas de escape** exhaust fume
gastar to spend; to wear out
el (la) **gemelo(a)** twin
la **gente** people
geográfico(a) geographic
el (la) **geólogo(a)** geologist
el (la) **gerente** manager
gigantesco(a) huge, gigantic
la **gimnasia** exercise; gym
la **gira** tour
la **gloria** glory
glorificar glorify
gobernar to govern, rule
el **gobierno** government
el **gol** goal (*soccer*)
la **golosina** candy
golpear to hit, punch; to kick
gozar(de) to enjoy
grabar to carve, engrave
la **gracia** grace, charm, wit
gracioso(a) graceful, charming, witty
el **grado** degree
el **graduado** graduate
graduarse to graduate
el **gráfico** drawing; chart, graph
grande (gran) (*adj.*) big, great
grato(a) pleasing, agreeable
gratis free
gratuito(a) free; uncalled-for; gratuitous
griego(a) (*adj.*) Greek
gris gray
gritar to shout, yell, scream

el **grito** shout, yell, scream
grosero(a) coarse, rude, crude, vulgar
guardar to keep; to put away
la **guardería** day-care center
la **guerra** war
el (la) **guía** guide
guiar to guide
la **guirnalda** garland, wreath
el (la) **guitarrista** guitarist
gustar to like
el **gusto** taste
al gusto pleasing to one's taste
mucho gusto en conocerlo pleased to meet you

H

haber to be
la **habilidad** skill
el (la) **habitante** inhabitant
hablar to speak, talk
hacer to do, make
— **calor** to be hot
— **fresco** to be cool
— **frío** to be cold
— **sol** to be sunny
— **la pregunta** to ask a question
hace ... años ... years ago
hacia (*adv.*) toward
haga Ud. do, make
el **hartazgo** surfeit
harto(a) fed up
hasta (*adv.*) until, up to
hay (haber) there is, there are
el **hebreo** Hebrew
el **hecho** act, deed; fact
la **hectárea** hectare, unit of measure
el (la) **hermano(a)** brother, sister
hermoso(a) (*adj.*) beautiful, pretty
la **hermosura** beauty
la **herramienta** tool
la **hez** scum, dregs
el **hidrógeno** hydrogen
el **hielo** ice

el (la) **hijo(a)** son, daughter
la **hilacha** ravelled thread
el **hilo** thread
—**s sueltos** loose ends
la **hipocresía** hypocrisy
hispano(a) (*adj.*) Hispanic
el (la) **hispano(a)** Hispanic person
el (la) **historiador(a)** historian
histórico(a) (*adj.*) historic
el **hockey sobre hielo** ice hockey
el **hogar** home
hogareño(a) (*adj.*) home
la **hoja** leaf, page
la **holgazanería** idleness, loafing
el **hombre** man
— **araña** Spiderman
el **hongo** mushroom
honrar to honor
la **hora** hour
el **horario de trabajo** work schedule
el (la) **hotelero(a)** hotelkeeper
la **huella** footprint, track
la **huida** flight, escape
huir to flee
el **humor** humor, mood

I

idealizado(a) idealized
la **identidad** identity
identificado(a) identified
identificar to identify
—**se con** to identify oneself with
identifique Ud. identify yourself
el **idioma** language
la **iglesia** church
igual (*adj.*) equal, the same
igualmente (*adv.*) equally, the same way
ilimitado(a) (*adj.*) unlimited, limitless
imagínese Ud. imagine
impaciente impatient
impedir to impede, prevent, stop
el **imperio** empire
el **impermeable** raincoat
imponer to impose
la **importancia** importance

importado(a) imported
importar to be important, matter
¡no importa! it doesn't matter
la **imprevisión** lack of foresight
imprevisto(a) unforeseen, unexpected
improvisadamente unexpectedly, suddenly
impuesto(a) imposed
incierto(a) uncertain
incitador(a) inciting
incluir to include
incluso(a) (adj., adv.) included, including
incómodo(a) uncomfortable
incrementar to increase
incurrir to incur; to commit
indefinido(a) indefinite
indique Ud. indicate, point out
el (la) **individuo(a)** individual, person
la **índole** nature, disposition
indomeñable (adj.) untamable
industrializador(a) industrializing
infantil (adj.) child's
infatigable (adj.) tireless
la **infelicidad** unhappiness
la **ineficaz** inefficiency
inesperado(a) unexpected
influir to influence
el **informe** report
la **infracción** offense, violation
la **ingeniería** engineering
el (la) **ingeniero(a)** engineer
el **inglés** English
ingresar to enter, enroll, register
el **ingreso** entrance, admission; income
inicialmente initially
iniciar to initiate, begin, start
la **iniciativa** initiative
injusto(a) unjust, unfair
inmaduro(a) immature
inmediato(a) immediate
inmenso(a) immense, huge
inolvidable (adj.) unforgettable

inquieto(a) restless, worried
inscribirse to register, enroll
la **inscripción** registration
la **inseguridad** insecurity
insoportable unbearable, intolerable
la **instalación** installation, facility
integrarse to make up, compose
el **interés** interest
intergubernamental intergovernmental
íntimo(a) intimate, close
intrigado(a) intrigued
intrínseco(a) intrinsic
intuir to sense
inútil (adj.) useless
la **investigación** investigation, research
el **invierno** winter
el (la) **invitado(a)** guest
involucrado(a) involved
ir to go
— **de compras** to go shopping
— **de excursión** to go on a trip, hike
— **derecho** to go straight ahead
irrespirable unbreathable
la **isla** island
el **italiano** Italian
la **izquierda** left

J

el **jardín** garden
el (la) **jefe(a)** chief, boss, head
la **jornada completa** full-time
el (la) **joven** young person
joven (adj.) young
el (la) **jubilado(a)** retired person
judío(a) Jewish
el **juego** game; play (of a game)
el (la) **juez** judge
el **jugador** player
jugar (ue) to play
el **jugo** juice

el **juguete** toy
el **juicio** judgment; good sense
el **juramento** oath
junto(a) side by side; together
justo(a) just, fair, right
la **juventud** youth, young people
juzgar to judge

L

la (fem. art., pers. pron.) the, she, it
el **labio** lip
lacio(a) straight (hair)
el **lado** side
el **lago** lake
la **lágrima** tear
lamentablemente unfortunately
la **lana** wool
lanzar to throw
largarse to throw oneself into; to get out
largo(a) long
— **plazo** long-range
la **lata** can; tin
latoso(a) boring; annoying
lavar(se) to wash
el **lazo** knot, tie, bond
le (pron.) him, to him, her, it
la **lección** lesson
la **lectura** reading
la **leche** milk
leer to read
lejano(a) distant, remote, far-off
lejos (de) (adv.) far (from)
la **lengua** tongue, language
— **extranjera** foreign language
la **lentitud** slowness
lento(a) slow
la **letra** letter (alphabet), handwriting
levantar to raise, lift up
levantarse to get up
la **ley** law
libre (adj.) free
el **libro** book
la **licuadora** blender
licuar to liquefy

limitado(a) limited
el **limón** lemon
limpiar to clean
limpio(a) (*adj.*) clean
lindo(a) pretty, lovely
lo (*neut. art.*) the, that, what is
lo (*obj. pron.*) him, it
lo que what, that which
el **lobo** wolf
el (la) **locutor(a)** announcer, commentator
lograr to succeed; to achieve; to get
los (*obj. pron.*) the, them, those
los demás the rest
la **lotería** lottery
lucir to shine; to show off
la **lucha** fight, struggle, conflict
— **libre** wrestling
luchar to fight, struggle
el **lugar** place
el **lujo** luxury
lujoso(a) luxurious
la **luminosidad** brightness
luminoso(a) luminous
la **luna** moon
la **luz** light

LL

llamado(a) called
llamarse to call oneself
llegar to arrive
lleno(a) full
llenar to fill
llevar to carry, take, bear
— **a cabo** to carry out
llorar to cry
llover (ue) to rain
la **lluvia** rain
lluvioso(a) rainy

M

la **maceta** planter, flower pot
la **madera** wood
la **madrina** godmother
la **madurez** maturity
maduro(a) mature
el (la) **maestro(a)** teacher

la **maleta** suitcase
el **maletín** small suitcase
malgastar to waste, squander
malo(a) (**mal**) (*adj.*) bad
mal (*adv.*) badly
el **mamífero** mammal
mandar to order, send, mail
el **mando** control, command
manejar to drive, handle
la **manera** manner, way
la **manguera** garden hose
el **manicomio** mental institution
la **manifestación** demonstration; expression
manifestarse to show, be manifest
la **mano** (*f.*) hand
una — bunch
mantener (ie) to maintain, support; to feed
mantenerse (ie) to feed, remain, keep
el **mantenimiento** maintenance, sustenance
la **mañana** morning
mañana (*adv.*) tomorrow
la **máquina** machine
el **mar** sea
el **maratón** marathon
maravilloso(a) marvelous
la **maravilla** marvel, wonder
la **marca** brand name
marcar to mark, indicate, dial
el (la) **marciano(a)** Martian
marchar to go, walk; to function, run
el **margen** border, edge; sidelines
el **marido** husband
marrón brown
mas (*conj.*) but
más (*adv.*) more
la **masa** masses
mascullar to mumble, mutter
matar(se) to kill
el **maté** herb tea; gourd for drinking **maté**
las **matemáticas** mathematics
el (la) **matemático(a)** mathematician

la **materia** matter, subject
la **matrícula** registration, tuition
la **matriculación** registration
máximo(a) maximum, greatest, highest
mayor (*adj.*) bigger, larger, older; biggest, largest
mayor de edad oldest
la **mayoría** majority
el (la) **mecánico(a)** mechanic
mecánico(a) mechanical
la **mecanografía** typing
el (la) **mecanógrafo(a)** typist
mecer to rock
media jornada part-time
mediano(a) medium, average
la **medianoche** midnight
las **medias** stockings
el (la) **médico(a)** doctor
la **medida** measure; size
el **medio** middle; medium; environment
medio(a) middle, half
el **medio ambiente** environment
medir (i) to measure
mejor (*adj.*) better, best
mejor (*adv.*) better, best
mejorar to improve
el **melocotón** peach
el **mellizo** twin
mencionar to mention
menor (*adj.*) smaller, younger, smallest, youngest
menos (*adv.*) fewer, less
el **mensaje** message
la **mente** mind, intellect
mentir (ie) to lie, tell lies
el **mercado** market
merecer to deserve, be worthy of
— **la pena** to be worth the trouble
el **mes** month
la **mesa** table
el **mesero** waiter
la **meta** goal
la **metáfora** metaphor
meteorológico(a) meteorological
meter to put, get in
el **método** method

la **mezcla** mixture
mezclar to mix, blend
mi my
mí myself, me
el **miedo** fear
el **miembro** member
mientras (*adv., conj.*)
   while, meanwhile
mil thousand
militar (*adj.*) military
la **milla** mile
millares thousands
el **millón** million
minero(a) (*adj.*) mining
la **minifalda** miniskirt
mío(a) (*adj., pron.*) my,
   mine
mirar to look at
mismo(a) (*adj.*) same
el **misterio** mystery
la **mitad** half
mítico(a) mythical
el **mito** myth
mixto(a) mixed, co-ed
la **mochila** backpack
la **moda** fashion, style
los **modales** manners
moderado(a) moderate
el **modo** manner, way
   — **de vivir** way of life
molestar to bother, annoy
la **molestia** bother, annoyance
la **monoproducción** single
   product production
la **montaña** mountain
montar a caballo to ride
   horseback
la **moratoria** moratorium
morder (ue) to bite
morir(se) (ue) to die
   — **de risa** to die laughing
mostrar (ue) to show,
   demonstrate
el **motivo** motive, reason,
   cause
la **motocicleta (la moto)**
   motorcycle
la **motoneta** motorscooter
el (la) **muchacho(a)** boy, girl
mucho(a) (*adj.*) a lot of,
   many, much
mucho (*adv.*) much, a lot
mudarse to move
los **muebles** furniture
la **muerte** death

muerto(a) dead
la **muestra** sample
la **mujer** woman
la **multa** fine, ticket
multiplicar to multiply,
   increase
mundial (*adj.*) world,
   worldwide
el **mundo** world
el **museo** museum
la **música** music
el (la) **músico(a)** musician
muy (*adv.*) very

N

nacer to be born
el **nacimiento** birth
la **nacionalidad** nationality
nada nothing
nadar to swim
nadie nobody, no one
la **naftalina** mothballs
la **napa** subterranean water
   source
la **naranja** orange
naranja (*adj.*) orange
   (*color*)
la **natación** swimming
la **naturaleza** nature
la **nave** ship, vessel
   — **espacial** spaceship
navideño(a) (*adj.*)
   Christmas
la **necesidad** necessity, need
necesitar to need
negar (ie) to deny
el **negocio** business
negro(a) black
el **neumático** tire (*automobile*)
nevar (ie) to snow
¡Ni hablar de eso! Don't
   even speak of it!
el **nido** nest
el (la) **nieto(a)** grandson,
   granddaughter
la **nieve** snow
ningún(o)(a) no, none, not
   one, not any
el (la) **niño(a)** child
el **nivel** level
   — **de vida** standard of
   living
la **noche** night

la **Nochevieja** New Year's Eve
nombrar to name,
   nominate
el **nombre** name
   — **de pila** first name
norteamericano(a) (*adj.*)
   North American
la **nota** grade, note
notar to notice, note
el **noticiario** newscast, news
   bulletin
las **noticias** news
la **novedad** novelty; latest
   fashion; news
el (la) **novio(a)** boyfriend,
   girlfriend
nublado(a) cloudy
el **núcleo** nucleus
el **nudo** knot
la **nuera** daughter-in-law
nuestro(a) our, ours
nuevo(a) new
el **número** number, quantity
numeroso(a) numerous,
   many
nunca never, ever

O

o or, either
obligado(a) obliged
obligar to oblige, compel,
   force
la **obra** work
   — **maestra** masterpiece
obtener (ie) to obtain, get
obvio(a) obvious
el **occidente** West (*Western
   world*)
occidental (*adj.*) western
el **ocio** leisure, leisure time,
   spare time
octavo(a) eighth
ocupar to occupy, take up
ocuparse to engage in, deal
   with
ocurrir to occur, happen
el **odio** hate, hatred
la **odontología** dentistry
el **oeste** West
ofensivo(a) offensive, rude,
   nasty
la **oferta** offer
   — **y demanda** supply and

demand

el **oficio** occupation, trade, profession, job

ofrecer to offer

oír to hear

el **ojal** buttonhole

ojalá I hope so, may it be true

el **ojo** eye

olvidar(se) to forget

la **onda** wave

estar en — to be with it

opinar to think, have an opinion

opuesto(a) opposed, opposite

la **oración** speech, sentence, prayer

el **orden** order, succession, sequence

la **orden** order, command

el **ordenamiento** ordinance, ordering

ordenar to order, put in order

la **oreja** ear

el **orgullo** pride

la **orientación** orientation, guidance

el **origen** origin, beginning

orondo(a) rounded; self-satisfied, smug

la **orquesta** orchestra

oscuro(a) dark

el **otoño** autumn, fall

el **otorgamiento** granting, awarding

otro(a) other, another

otra vez once again

oxidando rusting

P

el (la) **paciente** patient

paciente (*adj.*) patient

padecer to suffer from

el **padre** father

los **padres** parents

el **padrino** godfather

los **padrinos** godparents

la **paella** Spanish dish of rice, chicken, etc.

pagar to pay

la **página** page

el **país** country, nation

el **paisaje** countryside, landscape

el **pájaro** bird

la **palabra** word

el **paladín** champion

la **pampa** grasslands

el **pan** bread

los **pantalones** pants

la **pantalla** screen

el **pañuelo** handkerchief, kerchief, scarf

el **papel** paper; role

— clave key role

el **papeleo** red tape, paperwork

el **paquete** package

para for, towards, to

paradójicamente paradoxically

el **paraíso** paradise, heaven

el **paraje** place, spot

parar(se) to stop

la **parcela** plot, piece of ground

parecer to seem, appear, look like

la **pared** wall

el **pariente** relative

el **parquímetro** parking meter

el **párrafo** paragraph

participar to participate, engage in

particular (*adj.*) particular, individual, private

el **partido** game, match

parvo(a) small, little

el **pasado** past

el (la) **pasajero(a)** passenger

pasar to pass, happen, occur

el **pasatiempo** pastime, hobby

pasmado(a) astounded, amazed, astonished, stunned

el **paso** step

la **patada** kick

el **patinaje** skating

— sobre hielo ice skating

patinar to skate

el **patrimonio** patrimony, heritage

el **patrocinador** sponsor

patrocinar to sponsor

la **paz** peace

el **peatón** pedestrian

el **pecado** sin

el **pedestrismo** footrace

el (la) **pediatra** pediatrician

pedir (i) to ask for, request

la **pedagogía** pedagogy, teaching

pedagógico(a) (*adj.*) pedagogical, teaching

el **peinado** hair style

la **película** film, movie picture

el **peligro** danger

peligroso(a) dangerous

el **pelo** hair

la **pelota** ball

el (la) **peluquero(a)** barber, hairdresser

la **pelusa** fluff, fuzz

la **pena** sorrow, grief, pain, punishment

el **pensamiento** thought, idea

pensar (ie) to think, intend

la **pensión** boarding house, modest hotel

peor (*adj., adv.*) worse, worst

pequeño(a) small, little

percibir to perceive, notice, sense

perder (ie) to lose, miss

la **pérdida** loss

perezoso(a) lazy

perfeccionar to perfect, improve

perfilar to outline, profile

el **periódico** periodical, newspaper

el (la) **periodista** reporter, journalist

periodístico(a) journalistic

perjudicar to damage, harm, endanger

la **perla** pearl

permanecer to remain

el **permiso** permission, permit, license

— de conducir driver's license

el **perro** dog

el **personaje** character (*in literary work*)

el **personal** personnel

la **personalidad** personality

pertenecer to belong, to be

la **pertenencia** possession, ownership, property

la **pesadilla** nightmare
pesar to weigh
el **pescado** fish
pescar to fish
el **peso** weight; unit of
    monetary exchange
la **peste** plague
el **petróleo** petroleum, oil
peyorativo(a) deprecatory,
    insulting
picar to nibble, peck, bite
el **pie** foot
la **piedra** stone
la **pieza** piece
el (la) **pintor(a)** painter
la **piña** pineapple
el **piso** floor
la **pista** trail, track
planear to plan
el **plato** plate, dish
la **playa** beach
    — **de estacionamiento**
        parking lot
el **plazo** period, time limit
la **plenitud** abundance
el (la) **plomero(a)** plumber
la **población** population
pobre (*adj.*) poor
poco(a) (*adj., adv.*) not
    much, not many, little,
    few
poco a poco little by little,
    bit by bit
el **poder** power
poder(ue) to be able
poderoso(a) powerful
la **poesía** poetry
el **poeta** poet
la **poetisa** poet
el **policía** policeman
la **policía** police force
policíaco(a) (*adj.*) police
la **polilla** moth
el **político** politician
la **política** politics
político(a) (*adj.*) political
el **policultivo** mixed farming
la **póliza** policy
el **polo** pole
el **polvo** dust, powder
poner to put, set, place
ponga Ud. put
ponerse to become
    — **en marcha** to start
        (*a car*)

por by, for, via, along,
    through, by means of,
    due to, per, each
    — **cierto que** surely
    — **ejemplo** for example
    — **el estilo** of that type,
        like that
    — **eso** because of, due
        to
    — **la tarde** in the
        afternoon
    — **lo general** as a rule
    — **lo menos** at least
    — **su cuenta** on one's
        own
    — **otra parte** on the
        other hand
    — **parte de** on behalf of
    — **supuesto** of course
el **porcentaje** percentage
porque because
¿por qué? why?
el (la) **portador(a)** carrier
el (la) **porteño(a)** native of
    Buenos Aires
posarse to settle, alight
el (la) **poseedor(a)** owner,
    possessor
poseer to own, possess
postergar to postpone, put
    off
la **postura** position, attitude
práctico(a) practical
el **precio** price
precisar to need; to specify
preciso(a) precise, clear
predecir (i) to predict,
    forecast
el (la) **predicador(a)** preacher
predilecto(a) favorite
preescolar (*adj.*) preschool
el **prefijo** prefix
la **pregunta** question
preguntar to question, ask
    a question
premiar to reward
el **premio** prize, award
la **prenda** article of clothing
prender to turn on
preocuparse to worry
el **preparativo** preparation
preparatorio(a) preparatory
la **presión** pressure
prestar to lend
prestigioso(a) prestigious

pretencioso(a) pretentious
prevenir (ie) to prevent
prever to foresee
primario(a) primary,
    beginning
la **primavera** spring
primer(o)(a) first
el (la) **primo(a)** cousin
privilegiado(a) privileged
probar (ue) to prove; to
    try, test
el **procedimiento** proceeding
producir en cadena to mass
    produce
la **productividad** productivity
el **profeta** prophet
profundo(a) profound,
    deep
el **programa de variedades**
    variety show
la **programación de**
    computadoras computer
    programming
el (la) **programador(a)**
    computer
    programmer
el **promedio** average
prometer to promise
pronosticar to forecast,
    predict
el **pronóstico** forecast,
    prediction
pronunciar to pronounce,
    deliver
la **propiedad** property
propio(a) own, belonging
    to
proponer to propose
proporcionalmente
    proportionately
el **propósito** purpose, aim,
    object
proseguir (i) to pursue,
    continue
el (la) **protagonista** main
    character
proteger to protect
proveer to supply, provide
proveniente (*adj.*)
    originating, resulting,
    coming from
provocar to provoke,
    cause, arouse
próximo(a) next, near,
    close

la **proyección** projection
proyectar to project
prudente (adj.) prudent, wise, cautious
la **prueba** proof; test, quiz
la **psicología** psychology
el (la) **psicólogo(a)** psychologist
la **publicidad** publicity
el **pueblo** town; people
el **puente** bridge
la **puerta** door
pues so, since, because
el **puesto** job; position, rank
puesto que since, as
la **pulgada** inch
los **pulmones** lungs
el **punto** point
— **de vista** point of view
puntualizar to arrange; to point out
el **puñetazo** punch, sock

Q

que that, which, what, who
¡Qué desastre! What a mess!
¡Qué horror! How dreadful! How awful!
¡Que se diviertan! Have a good time!
¿Qué tal? How's it going? How are you?
quedar(se) to remain, stay, have left
— **bien** to suit one well
el **quehacer** duty, task, chore
quejarse to complain
querer (ie) to want, wish, like
— **decir** to mean
querido(a) dear
quien, ¿quién? who, whom
la **química** chemistry
el (la) **químico(a)** chemist
químico(a) (adj.) chemical
quinto(a) fifth
quitarse to take off, remove

R

racionar to ration
la **raíz (raíces)** root

la **rama** branch
la **rapidez** speed
raramente rarely
raro(a) strange, odd
el **rato** while, time, moment
la **raza** race (human), people
la **razón** reason, cause
tener — to be right
razonable (adj.) reasonable
reaccionar to react
la **realidad** reality
la **realización** realization, fulfillment
realizar(se) to fulfill, carry out
rebelarse to rebel, revolt
el **recambio** change; spare part
la **receta** recipe, prescription
recibir to receive
reciclar to recycle
reciente (adj.) recent
recientemente recently
reclamar to claim, demand
recobrar to recover, regain
recomendar (ie) to recommend
la **recompensa** reward
el **reconocimiento** recognition
recorrer to pass through
el **recorte** clipping
el **recuerdo** memory, recollection, remembrance, souvenir
el **recurso** recourse; resource
el **rechazo** refusal, rejection
redondo(a) round
la **reducción** reduction, reducing
reducirse to be reduced
reemplazar to replace
referirse (ie) to refer to
reflorecido(a) reflourished
el **refrán** saying, proverb
refrescante (adj.) refreshing
el **refresco** soft drink
la **refrigeración** refrigeration; air conditioning
regalar to give a gift
el **regalo** gift, present
regañón(a) nagging
regar (ie) to water
regir (i) to rule
la **regla** rule, regulation
regocijarse to rejoice

regresar to return
regular (adj.) regular, average; reasonable
la **relación** relation, relationship
relacionado(a) related
relegar to relegate, banish
el **reloj** clock
el **rendimiento** yield
renovable (adj.) renewable
renunciar to give up, abandon; to renounce
repensar (ie) to think over, reconsider
repentinamente suddenly
repetir (i) to repeat
reponerse to recover from
el **reportaje** report, article
reposar to rest, repose
el **reposo** rest
representar to represent; to present again
la **reprise** acceleration
requerir (ie) to require
el **requisito** requirement
residir to reside, live, dwell
resignarse to resign oneself
resolver (ue) to solve, resolve
respaldar to support
respetar to respect
respirar to breathe
resplandeciente (adj.) shining
responder to respond, answer
la **respuesta** answer, reply
restante (adj.) remaining
el **resto** rest, remainder
restringido(a) restricted
resuelto(a) resolved
el **resultado** results, score
resusitar to resuscitate
retener (ie) to retain, keep, hold
retomar to retake, take back
retornar to return, give back
el **retorno** return
el **retraso intelectual** mental retardation
la **reunión** reunion, get-together, gathering

reunirse to join, meet, get together
la **revista** magazine
revolucionar to revolutionize
revuelto(a) scrambled
el **rey** king
rico(a) rich, wealthy, delicious, cute
el **riesgo** risk
la **rifa** raffle
el **rincón** corner
el **río** river
la **riqueza** riches
la **risa** laugh, laughter
el **ritmo** rhythm
robar to rob, steal
la **roca** rock
el **roce** contact
rodado(a) broken-in
la **rodaja** slice
rodear to surround
rogar (ue) to beg, plead, ask; to pray
rojo(a) red
el **rompecabezas** puzzle
la **ropa** clothes, clothing
    — **interior** underwear
el **ropero** closet
rosa pink
las **rosetas de maíz** popcorn
rudo(a) coarse, rough
el **ruido** noise
el **rumbo** direction, course
ruso(a) Russian
la **ruta** route, road
la **rutina** routine
rutinario(a) (adj.) routine

S

saber to know
la **sabiduría** wisdom
el **sabor** flavor, taste
sacar to take; to get out; to remove
    — **fotos** to take photos
    — **buenas notas** to get good grades
    — **se el gordo** to win the grand prize
el **saco de dormir** sleeping bag
el **salario** salary, wages
la **salida** exit; outlet
salir to leave
    — **adelante** to come out ahead
    — **bien** to do well
el **salón** hall
la **salud** health
salvo except for
salvo(a) (adj.) safe
las **sandalias** sandals
la **sangre** blood
la **sangría** drink made of wine and fruit juice
el (la) **santo(a)** saint
el **sastre** tailor
satisfacer to satisfy
satisfecho(a) satisfied
secundario(a) secondary
la **seda** silk
la **sede** headquarters
sedentario(a) sedentary
seguir (i) to follow; to continue, carry on
según according to, depending on
el **segundo** second (time)
segundo(a) (adj.) second
seguramente surely, safely
la **seguridad** security, safety
el **seguro** insurance
seguro(a) (adj.) sure, safe
    — **de sí mismo** self-confident
la **selva** forest, jungle
el **semáforo** traffic light
la **semana** week
sembrar (ie) to sow, plant
semejante (adj.) like, alike, similar
semejar to seem
semidoblado(a) half-folded
sensiblemente appreciably, noticeably
la **sencillez** simplicity
sencillo(a) simple, easy, plain
sentarse (ie) to sit down
el **sentido** meaning, sense
el **sentimiento** feeling, sentiment
sentir(se) (ie) to feel, to be sorry
señalar to mark; to call attention to, point out
el (la) **señor(a)** Mr., Mrs., Lord
la **sequía** drought
ser to be
    — **casado** to be married
    — **soltero** to be single
el **ser humano** human being
la **serie** series
serio(a) serious, reliable
el **servicio** service
    — **exterior** foreign service
servir (i) to serve, wait on
    no sirve no good; it won't do
severamente severely
si if
si mismo oneself
sí yes
la **sidra** cider
siempre always, all the time
la **sigla** abbreviation, initial
el **siglo** century
el **significado** meaning
significar to mean, signify
siguiente (adj.) following
silencioso(a) quiet
el **símbolo** symbol
la **similaridad** similarity
simpático(a) nice, pleasant
simplista (adj.) simplistic
sin without
sin embargo nevertheless, however
el **sindicato** union
sino but, except
sino que not only
el **sinónimo** synonym
sintético(a) synthetic
el **síntoma** symptom
el **sitio** place, location, site, space
la **soberbia** pride, arrogance
sobre on, upon, on top of, about
sobrepasar to surpass, exceed
sobrepoblado(a) overpopulated
sobreponerse to overcome, pull oneself together
sobrevivir to survive
la **sobriedad** soberness, restraint
el (la) **sobrino(a)** nephew, niece
la **sociedad** society
el **socio** partner
el (la) **sociólogo(a)** sociologist
sofisticado(a) sophisticated

el **sol** sun
solamente only, just
la **soledad** solitude
soler (ue) to be in the habit, usually
la **solicitud** application, request, petition
solo(a) alone
sólo only, merely, just
soltar (ue) to release, let loose, free
el **soltero** bachelor
la **soltera** unmarried woman
solucionar to solve, resolve
el **sombrero** hat
someter to subdue; to subject; to submit
sonar (ue) to sound, ring
— **mucho** to sound good
sonreír (i) to smile
la **sonrisa** smile
el (la) **soñador(a)** dreamer
soñar (ue) con to dream about
la **sopa** soup
soportable (*adj.*) bearable
la **sorna** sarcasm
sorprender to surprise
la **sorpresa** surprise
el **sosiego** calm, tranquillity
sostener (ie) to support, hold up, bear
su his, hers, their, its
suave (*adj.*) soft, smooth
subdesarrollado(a) underdeveloped
subir to go up, increase, rise, get into
subrayado(a) underlined
el **subterráneo** subway
suceder to happen, occur, follow
el **suceso** event, happening, occurrence
el **sudor** sweat
sueco(a) Swedish
el (la) **suegro(a)** father-in-law, mother-in-law
el **sueldo** wage, salary
el **suelo** ground
el **sueño** dream
la **suerte** luck
sufrir to suffer
la **sugerencia** suggestion
sugerir (ie) to suggest
suicidarse to commit

suicide
el **sujeto** subject
sumamente (*adv.*) extremely
sumar to add
el **sumario** summary
sumiso(a) submissive
superar(se) to surpass, overcome
la **superficie** surface
el **supermercado** supermarket
la **superpoblación** overpopulation
la **supervivencia** survival
suponer to suppose
sur south
el **surgimiento** surging
surgir to spring up, appear
suspender to suspend, hang
el **sustantivo** noun
sustituir to substitute
sutil (*adj.*) subtle, thin, fine
suyo(a) his, hers, theirs, its

T

la **tabla** board, plank
el **tablero** panel, board, instrument panel
tacaño(a) stingy
taciturno(a) silent, taciturn
el **taco** heel
tal such, similar
la **tala** tree cutting
el **taller** workshop, shop
el **tamaño** size
— **natural** life-size
también also
tampoco not either, nor, neither
tan, tanto, tanta so, as
el **tanto** goal (*soccer*)
el **tapiz** tapestry
la **taquigrafía** shorthand, stenography
la **taquilla** box office
la **tarde** afternoon
tarde (*adv.*) late
más tarde later
la **tarea** homework, chore, task
la **tarjeta** card
la **taza** cup
el **té** tea
teatral (*adj.*) theatrical
el **teatro** theater

el (la) **técnico(a)** technician
la **técnica** technique, technology
el **techo** roof
la **tela** fabric, cloth
la **telenovela** soap opera
el **televidente** television viewer
el **televisor** television set
el **tema** topic, subject, theme
temerario(a) reckless
el **temor** fear
el **temperamento** temper, disposition, nature
temporal (*adj.*) temporary
la **temporada** season
temprano(a) (*adv.*) early, earlier
el **tenedor** fork
tener (ie) to have
— **en cuenta** keep in mind
— **ganas de** to feel like
— **que ver con** to have to do with
¿cuántos años tiene Ud.? how old are you?
el (la) **terapista** therapist
tercer(o)(a) third
terminar to end, finish
el **término** term; place
terrenal (*adj.*) earthly, worldly
el **terreno** piece of land, lot, plot
— **desocupado** empty lot
el **tesoro** treasure
el **tiempo** time; weather
la **tienda** store, shop
— **de campaña** tent
la **tierra** earth, ground
el **tiesto** flower pot, pot
el **timbre** stamp; doorbell
tímido(a) timid, shy
timorato(a) timid, shy
la **tía** aunt
el **tío** uncle
típico(a) typical
el **tipo** guy, fellow; type
el **titular** headline
el **título** title, degree
tocar to play (*musical instrument*), touch
le toca a Ud. it's your turn
todavía still, yet

todo(a) all
— **el mundo** everybody, everyone
de —s modos anyway, in any case
tomar to take; to drink
— **a la ligera** to take lightly
— **en cuenta** to take into account
— **una decisión** to make a decision
la **tonelada** ton
torcer (ue) to twist, bend, change course
la **torta** cake
toser to cough
la **tosesita** little cough
el (la) **trabajador(a)** worker
trabajador(a) social social worker
trabajar to work
traducir to translate
traer to bring
el **traje** suit
— **de baño** bathing suit
tranquilo(a) tranquil, calm, peaceful
transformar to transform, change
tras behind, after
trasladarse to go, move
el **traslado** moving, transfer
tratar to try; to deal with, handle
— **se de** to be about
traumatizado(a) traumatized
trazado(a) laid out, designed
el **tren** train
la **trenza** braid
trescientos(as) three hundred
el **tribunal** court (*law*)
la **tripulación** crew
triste sad, unhappy
la **tristeza** sadness
el **triunfo** triumph
el **trofeo** trophy
trotar to jog, trot
el **trozo** piece
Tunez Tunisia
tupido(a) thick, dense
el **turismo** tourism

U

u or, either (*before words*

beginning with **o** *or* **ho**)
últimamente lately
último(a) last, latest, final, latter
el — **grito de la moda** the latest word in fashion
único(a) only, unique
unir to unite, join
universitario(a) (*adj.*) university
uno tras uno one after the other
la **urbe** large city
la **urgencia** urgency
la **urna** urn
Usted you
útil (*adj.*) useful
utilizar to use, make use of

V

vacilar to hesitate
vacío(a) empty
valer to be worth
valiente (*adj.*) valiant, courageous, brave
la **valija** suitcase
valioso(a) precious, valuable
el **valor** value, courage, importance
valorar to value, appreciate
vamos a + *inf.* let's + *verb*
variado(a) varied
variar to vary
la **variedad** variety
varonil (*adj.*) virile, manly
vaticinar to prophesy, foretell
el (la) **vecino(a)** neighbor
la **vejez** old age
la **vela** candle
la **velocidad** velocity, speed
veloz (*adj.*) quick, fast, rapid, swift
el (la) **vencedor(a)** winner, conqueror, victor
vender to sell
venir (ie) to come
la **ventaja** advantage
ver to see
el **verano** summer
la **verdad** truth
verdadero(a) true, real, genuine
verde green

verter (ie) to shed
vertiginoso(a) giddy, dizzying
el **vestido** dress
vestirse (i) to dress oneself
la **vez** time
una — once
viajar to travel
el **viaje** trip
viciado(a) corrupt
el (la) **victimario(a)** murderer, killer
la **vida** life
— **silvestre** wildlife
viejo(a) old
el **viento** wind
vigilante (*adj.*) watchful, alert
vinculado(a) linked, bound, related, connected
el **vino** wine
la **virtud** virtue
el (la) **visionario(a)** visionary
el (la) **visitante** visitor
la **víspera** eve of, night before
— **del año nuevo** New Year's Eve
la **vista** sight, view
el **vivero** nursery, greenhouse
vivir to live
la **vocación** vocation, calling
el **volante** steering wheel
el **volibol** volleyball
la **voluntad** will, willpower
volver (ue) to return
la **voz** voice
el **vuelo** flight
— **a vela** hang gliding
la **vuelta** walk, stroll; ride

Y

y and
el **yacaré** alligator
yacer to lie down
el **yerno** son-in-law

Z

la **zaga** rear
no irle en — not to lag behind
las **zapatillas** slippers
los **zapatos** shoes
— **de tenis** sneakers